Franz von Pulszky

Die Kupfer-Zeit in Ungarn

Franz von Pulszky

Die Kupfer-Zeit in Ungarn

ISBN/EAN: 9783955642945

Auflage: 1

Erscheinungsjahr: 2013

Erscheinungsort: Bremen, Deutschland

@ EHV-History in Access Verlag GmbH, Fahrenheitstr. 1, 28359 Bremen. Alle Rechte beim Verlag und bei den jeweiligen Lizenzgebern.

DIE KUPFER-ZEIT

IN UNGARN

VON

FRANZ von PULSZKY.

MIT 149 ILLUSTRATIONEN IM TEXT.

DEUTSCHE AUSGABE.

BUDAPEST
FRIEDRICH KILIAN
K. U. UNIVERSITÄTS-BUCHHANDLUNG.
1884.

DIE KUPFERZEIT IN UNGARN.[1]

DER Verfasser gibt in der ersten Hälfte seiner Monographie zunächst eine ausführliche Uebersicht über die Literatur in Hinsicht der Kupferzeit, die wir nur im Auszuge mitteilen. Er bemerkt, die Præhistoriker stimmten darin überein, dass es bei dem Uebergange aus der Steinzeit zur Bronzecultur eine Zeit gegeben habe, in welcher das Kupfer zur Herstellung, von Waffen, Werkzeugen und Schmucksachen gebraucht wurde. Eine solche Kupferzeit wurde für Nordamerika nie bezweifelt, wo sie durch häufige Denkmäler bewiesen ist, ebenso für Indien, wo in neuerer Zeit verschiedene Kupferfunde gemacht wurden. Bezüglich Europa's will man aber eine Kupferzeit noch immer nicht annehmen und erklärt die Kupferfunde aus einem zeitweiligen Mangel des Zinnes oder daraus, dass das Kupfer für besondere Zwecke sich besser eignen konnte, als die Bronze. Doch fehlt es nicht an angesehenen Gelehrten, welche die entgegengesetzte Ansicht verfechten und es anerkennen, dass in einigen Teilen Europa's eine Kupferzeit anzunehmen sei.

I. Der Erste, der einer Kupferzeit in Europa erwähnte, war jedenfalls Dr. Wilde, der Director des Museums der k. Akademie von Irland, der im Jahre 1861 im Cataloge der Altertümer dieses Museums zuerst die Aufmerksamkeit der Gelehrten auf die in Irland gefundenen Bronzegegenstände richtete, dieselben beschrieb, einige Typen derselben feststellte und wiederholt erklärte, dies seien die frühesten Metallgegenstände, die jedenfalls älter seien, als die Bronzefunde.

---

[1] Unter diesem Titel *(A rézkor Magyarországban)* erschien 1883, herausgegeben durch die archaeologische Commission der ungarischen Akademie der Wissenschaften, eine Monographie von Franz von Pulszky, welche wir in ihrem einleitenden Teile (Abschnitt I—XI) im Auszuge, vom XII. Abschnitt bis zum Schlusse in vollständiger, von dem hochverdienten Herrn Verfasser autorisirter und durchgesehener Uebersetzung mitteilen. D. Red.

II. Bald darauf erwähnte Dr. Ferdinand Keller in seinem fünften Bericht über die Pfahlbauten in den Schweizer Seen, 1863, dass die Ansicht, in Europa habe nie eine wirkliche Kupferzeit bestanden, nur in Hinsicht des Westens richtig sei, aber nicht auf Ungarn und dessen östliche und südliche Nachbarländer ausgedehnt werden könne. Er beruft sich dabei auf die Sammlung und die Erfahrung des Herrn Wilhelm Fehr, der sich jahrelang in Ungarn aufgehalten hatte, und aus dessen Berichten es erhellt, dass das Kupfer jener Stoff war, aus welchem ein Teil der Bevölkerung jener Länder seine Waffen, Werkzeuge und Schmukgegenstände durch längere Zeit verfertigte. Keller gibt dabei auf einer Tafel die Abbildung von achtundzwanzig Kupfergegenständen, welche in Ungarn gefunden wurden und jetzt im Züricher Museum aufbewahrt werden.

Auch Florian Rómer, seinerzeit Custos am National-Museum in Budapest, erwähnt die Kupferfunde in seinem archäologischen Führer, welchen die archäologische Commission der Akademie im Jahre 1866 herausgab, mit dem Bemerken, dass die Werkzeuge aus Kupfer jedenfalls der Bronze vorangingen. Aus den wenigen Exemplaren, die er damals kannte, schloss er schon zu jener Zeit ganz richtig, dass jene Erhöhungen auf den Kupfergegenständen, welche noch lange Zeit für Gussnäten gehalten wurden, nur eine Folge ungleicher Oxydation seien.

III. Die Ansichten Wilde's und Keller's wurden durch Fachgelehrte häufig bekämpft. Sir John Lubbock zum Beispiel findet, dass die sogenannten Kupfergegenstände chemisch noch nicht analysirt seien; dass Herr Mallet in einem dieser irischen Kupferkeile ein geringes Percent von Zinn gefunden habe; dass für manche Zwecke ein Kupferpaalstab ebenso zweckmässig sein könne, wie ein bronzener und dass es möglich sei, dass bei einem zeitweisen Zinnmangel kupferne Werkzeuge verfertigt wurden. Lubbock bezweifelt daher eine Bronzezeit in Europa.

In demselben Jahre, in welchem Lubbock sein berühmtes populäres Werk herausgab, 1865, hielt Baron Eduard Sacken, der Director des k. Antikencabinetes in Wien, in der Januar-Sitzung der Wiener Akademie der Wissenschaften einen Vortrag über einen Schatz, welcher auf der sogenannten Langenwand bei Wiener-Neustadt durch einen Hirtenknaben gefunden wurde, und in das k. Antikencabinet gelangt war. Der Fund war hauptsächlich dadurch merkwürdig, dass in demselben Kupfergegenstände im Gewicht von vierzehn Pfund und dabei zwei goldene Zierscheiben ans Tageslicht kamen. Es waren, nach Sacken, zwei flache Meissel, vier Paar flache Scheibenspirale in Brillenform, zwei Armbandspirale von geringem Durchmesser, mehrere Fragmente — alles aus reinem Kupfer, wie die chemische Analyse nachwies, und dabei zwei dünne Goldscheiben, jede mit drei halbkugelförmigen, ins Dreieck gestellten Erhöhungen, am Rande der Scheibe mit mehreren Reihen von eingeschlagenen Punkten verziert — alles von der primitivsten Technik. Bei dieser Gelegenheit gibt der gelehrte Altertumsforscher seine Meinung, mit grosser Vorsicht in Hinsicht der Chronologie, über die Kupferfrage ab, erwähnt verschiedener Kupferfunde, anerkennt ihre primitive Form, hält sie jedoch mit den Bronzefunden für gleichzeitig.

IV. Auf dem Stokholmer Congresse 1874 kam die Frage der Kupferzeit wieder zur Sprache. Herr August Franks vom British Museum hatte mehrere Kupfergegenstände, welche in Cypern gefunden wurden, aus der Sammlung des Generals Cesnota ausgesucht und sie genau analysiren lassen, wobei es sich herausstellte, dass diese aus beinahe ganz reinem Kupfer bestehen, in welchem nur solche Elemente zurückgeblieben waren, welche die Alten nicht zu entfernen verstanden. Bei dieser Gelegenheit erwähnte er mehrere in neuerer Zeit entdeckte Kupferfunde, namentlich den grossen Kupfer- und Silberschatz von Gungeria in Indien. Dann zählt er eine Reihe von sporadischen Funden auf, und erklärt, es sei wahrscheinlich, dass in jedem Lande Kupferwerkzeuge zu einer bestimmten Zeit verfertigt wurden, was nicht nur dadurch zu erklären sei, dass man das Zinn noch nicht kannte, sondern auch daraus, dass man dieses in Folge der Störungen und Unterbrechungen des Handelsverkehrs sich zeitweise nicht verschaffen konnte.

V. Mit der Kupferfrage in Amerika beschäftigte sich hauptsächlich dr. Eduard Schmidt aus Essen, der auf der Ausstellung in Philadelphia, 1876, die ausgestellten Kupfergegenstände, im Ganzen etwas über dritthalb hundert Stücke, sorgfältig untersuchte und sie in einer Monographie bekannt machte. Er bemerkt dabei, dass die amerikanischen Kupferwerkzeuge nicht gegossen, sondern aus gediegenem Kupfer gehämmert seien. Eine photographische Abbildung von 53 Kupfergegenständen gibt uns alle bekannten amerikanischen Kupfertypen, von welchen einige mit den europäischen vollkommen übereinstimmen.

VI. Der berühmte dänische Præhistoriker Worsaaé leugnet in neuester Zeit trotz alledem noch immer eine Kupferzeit; die Kupferwerkzeuge Nord-Amerika's gehören seiner Ansicht nach noch immer in die Steinzeit, denn das Kupfer ward ja dort eigentlich nicht anders behandelt, als wie ein hämmerbarer Stein, erst durch das Schmelzen und Giessen des Metalles entwickelt sich eine neue Cultur-Periode.

John Evans beschäftigt sich in seinem schönen Werke über die Bronzealtertümer Gross-Britanniens ebenfalls mit der Frage der Kupferzeit. Er findet in Europa nur sehr geringe Spuren einer solchen und nimmt an, dass die Erfindung der Mischung des Zinnes mit dem Kupfer, um dasselbe härter und im Gebrauche nützlicher zu machen, noch in Asien bei den arischen Völkern stattgefunden habe. Seiner Ansicht nach gehört der Fund von Gungeria in Indien nicht in die älteste Kupferzeit, da auch Silbergegenstände mit demselben vergraben waren, wo doch die Gewinnung des Silbers wegen der Schwierigkeiten, mit welchen sie verbunden ist, in eine spätere Epoche fällt. Auch er ist geneigt, die Kupferwerkzeuge Amerika's in die Steinzeit zu versetzen, das gediegene Kupfer am grossen See war ja für den Amerikaner nichts anders wie ein hämmerbarer Stein, die amerikanischen Werkzeuge sind nicht gegossen, sondern gehämmert, obgleich das Schmelzen des Kupfers den Amerikanern schon vor dem ersten Erscheinen der Europäer nicht unbekannt war, in Mexico hatte ja die Civilisation die Bronzestufe schon erreicht, ebenso wie in Peru.

VII. E. G. Squier, der amerikanische Gelehrte, der 1851 die Altertümer des Staates New-York herausgab, behandelt in diesem seinem Werke die Frage des Kupfer- und Bronze-Alters in Amerika. Schon die ersten Entdecker erwähnen die Kupferwaffen und Werkzeuge, welche im ersten Augenblick für geringeres Gold gehalten wurden. In Mexico und Peru kannte man schon die Legirung, und eine Bronzemischung, wobei dem Kupfer drei bis sechs Percent Zinn beigegeben wurde. In den vereinigten Staaten kam das Kupfer augenscheinlich von den bekannten gediegenen Kupferlagern am Oberen See. Die Werkzeuge, die daraus verfertigt wurden, verdanken ihre Gestalt nicht dem Gusse, sondern dem Hämmern in kaltem Zustand, welchem auch ihre grössere Härte zugeschrieben werden kann.

VIII. Dr. F. Wibel gab 1865 eine interessante Studie über die

Bronzecultur von Nord- und Mitteleuropa heraus, in welcher er als Chemiker ohne Rücksicht auf die Archäologen, sich über die Bronzefrage ausspricht und findet, dass die Bronze aus dem Zusammenschmelzen der Kupfer- und Zinnerze entstand, nicht aber aus einer absichtlichen und in einem bestimmten Verhältniss gemachten Mischung des schon gewonnenen Kupfers und Zinnes. Seiner Ansicht zufolge gehört daher die Herstellung des reinen Kupfers einer spätern Zeit an, als die Herstellung der Bronze, daher er die Bronzegegenstände für älter hält als die Kupfergegenstände, deren einfachere Form er daraus erklärt, dass das Kupfer im Guss schwieriger zu behandeln sei und sich mehr zum Schmieden als zum Giessen eigne und daher für einfachere Formen gebraucht wurde. Er glaubt, auch die Bronzecultur habe sich naturgemäss aus der Steincultur entwickelt, es sei nicht notwendig anzunehmen, dass eine Kupferzeit der Bronzezeit vorangegangen sei, und findet in dem Schaftloch der ungarischen Kupferäxte den Beweis einer späteren Zeit. Er gibt zu, dass in Ungarn die Bedingungen eines Kupferzeitalters, gediegenes Kupfer und Kupferoxyde, vorhanden seien; doch gehören seiner Ansicht zufolge die Kupferwerkzeuge trotz der Einfachheit ihrer Form einer späteren Zeit an, wie die bronzenen.

IX. Auf dem Congresse der Præhistoriker in Budapest im Jahre 1876 wurde die Kupfer-Sammlung des Nationalmuseum nebst zahlreichen Kupfergegenständen aus Privatbesitz und aus Provinzsammlungen ausgestellt, so dass die verschiedenen Typen gut repräsentirt waren. In Europa hatte man bisher nie eine so grosse Anzahl von præhistorischen Kupfergegenständen beisammen gesehen. — Die Kupferfrage kam am 7. Sept. an die Tagesordnung, indem ich einen Vortrag über die Kupferzeit in Ungarn hielt, worauf sich eine Discussion entspann und die folgenden Einwendungen gemacht wurden:

1. Dass die Kupferfunde in Europa seltener seien, als dass man ein Kupferalter annehmen könnte;

2. dass das Vorkommen von Kupfergegenständen sich aus einem temporären Mangel des Zinnes erklären liesse, endlich

3. dass für gewisse Zwecke das Kupfer geeigneter sein könne, als die Bronze.

X. Was die Seltenheit der Kupfergegenstände anbelangt, hat sich ihre Menge, seitdem die Aufmerksamkeit der Gelehrten und Sammler auf sie gerichtet wurde, in den Sammlungen derart vermehrt, dass dieser Grund nicht mehr stichhältig sein kann. Im Nationalmuseum zu Budapest befinden sich jetzt über dritthalb hundert Kupfergegenstände, mehr als in Philadelphia auf der Ausstellung zu sehen waren, wobei nicht zu vergessen ist, dass die Einzelfunde gern von den Kupferschmieden angekauft werden, da sie in Folge ihrer Reinheit gleich weiter verarbeitet werden können. Die Seltenheit der Kupferfunde kann daher wenigstens für Ungarn nicht mehr behauptet werden.

Bei einem temporären Mangel des Zinnes, wie er durch eine Unterbrechung der Handelswege wohl denkbar ist, würden die Kupfergegenstände, welche die Bronzewerkzeuge ersetzen sollten, jedenfalls dieselben Formen haben, wie die Bronzegegenstände. Nun sind aber diese vollkommen von einander verschieden. Jedenfalls ist die Einwendung, dass die Kupfergegenstände ihren Ursprung einem eventuellen Zinnmangel verdanken, eine ernste, denn das Zinn ist ein solches Metall, welches in wenigen Ländern vorkommt, in grösserer Menge blos in den südwestlichen Teilen Englands und im malaischen Archipel. Zu jener Zeit daher, als die Waffen und Werkzeuge in Europa grösstenteils aus Bronze verfertigt wurden, konnte es jedenfalls geschehen, dass die Einfuhr des Zinnes für eine Zeit in Folge von Kriegen aufhörte, und der Zinnvorrat vollkommen erschöpft wurde. Dann konnte das Volk, welches für eine Zeit isolirt war, wie dies Hans Hildebrand auf dem Stockholmer Congress bemerkte, nichts anders tun, als Alles was zerbrochen und abgenützt war, von neuem zu schmelzen und zu giessen. Wenn wir aber die Bronzen von neuem giessen, schmilzt das Zinn etwas früher in der Mischung als das Kupfer, und erleidet einen grösseren Verlust als dieses. Auf diese Art werden die Bronzewerkzeuge bei jedem Neuguss weniger Zinn enthalten, bis zuletzt nichts anderes übrig bleibt, als das reine Kupfer. Dieser Fall ist möglich; wenn wir daher irgendwo auf Kupferfunde stossen, ist eine genaue Untersuchung notwendig, ob diese wirklich älter, nicht aber gleichzeitig oder jünger seien, als die Bronzegegenstände.

Die Antwort auf diese Einwendung finden wir in der Form der Kupfergegenstände; wenn sie dem temporären Zinnmangel ihren Ursprung verdankten, würden sie aus denselben Gussformen hervorgehen, in welchen sonst Bronzegegenstände gegossen wurden. Nun sind aber die Formen der Kupfergegenstände vollkommen verschieden von den Formen der Bronzezeit nicht nur dadurch, dass sich auf ihnen kein Ornament befindet und ihre Gestalt einfacher und den Steinwerkzeugen verwandter ist, sondern noch mehr dadurch, dass eben jene Werkzeuge, welche in Bronze die häufigsten sind, in Kupfer nicht vorkommen. So sind zum Beispiel die Randmeissel in Kupfer ziemlich selten, die Kupfermeissel sind meistens ganz flach, der einzige Kupfercelt aber, den wir bisher kennen, hat eine ganz andere Form, als die Bronzcelte, welche in Ungarn gefunden werden. Andererseits kommen die Formen, welche in Kupfer die häufigsten sind, das Beil, die Axt und die Keilhaue, in Bronze entweder gar nicht oder nur selten vor, doch selbst dann in verschiedener Gestalt, nie so einfach wie die Kupfergegenstände. Diese allgemeine Verschiedenheit zwischen den Kupfer- und Bronzeformen beweist hinlänglich, dass die Kupfer- und Bronzewerkzeuge in verschiedener Zeit und nicht zu dem Zwecke verfertigt wurden, um einander zu ersetzen. Das Kupferschwert im Brukentaler Museum in Hermannstadt hat die Form eines Rapieres, wie es in Bronze bei uns nie vorkömmt. Die Kupferdolche sind viel schmäler als die Bronzedolche und in Hinsicht des Heftes von diesen verschieden; mit einem Wort, die Kupferformen weichen von den Bronzeformen ab und sind viel einfacher.

Ebenso wichtig wäre die Einwendung Lubboks, dass sich das Kupferwerkzeug für manche Zwecke besser eigne, als das Bronzewerkzeug, wenn er uns einen solchen Zweck specifiziren könnte. Wir können uns aber durchaus nicht vorstellen, warum die aus weicherem biegsamerem Material verfertigten Pfeilspitzen, Messer, Dolche, Meissel, Beile, Aexte und Keilhauen zum Gebrauch zweckmässiger wären, als gleiche Waffen und Werkzeuge, wenn sie aus der härteren und starreren Bronze verfertigt sind. So lange der Fall und die Art nicht nachgewiesen ist, in welchen die Kupfer-Waffen und Werkzeuge eigentümlich besser verwendet werden können, als die Bronzewaffen und Werkzeuge, bleibt diese Einwendung gegenstandlos.

Wir kennen nur einen Fall, auf welchen die Einwendung Lubbok's passt. Bei dem grossen Hammersdorfer Fund wurden neben den vielen ganz neuen Bronzemeisseln und Sicheln und unzähligen Bruchstücken von Bronzewerkzeugen zwei Armbänder aus Kupfer gefunden, welche den Bronzearmbändern in jeder Hinsicht gleichen, mit denselben eingegrabenen Ornamenten verziert sind, welche bei den Armbändern des späten Bronzealters sich vorfinden. Hier wurde also

Bronze und Kupfer beisammen gefunden, dabei ganze Massen des Gussmaterials in der Form von Bronzekuchen, nebst verschiedenen Stücken von reinem Zinn. Die zwei Kupferarmbänder sind daher nicht darum aus Kupfer verfertigt worden, als ob das Zinn unbekannt gewesen wäre oder gefehlt hätte, sondern deshalb, damit es durch seinen Ton von den Bronzearmbändern verschieden und selbst durch seine rothe Farbe zum Schmucke geeigneter sei. Es ist übrigens zu bemerken, dass in diesem Falle, wo das Kupfer wirklich an die Stelle der Bronze tritt und einem gewissen Zwecke besser entspricht als die Bronze: das Kupferarmband weder in seiner Form noch in seiner Ornamentirung von den Bronzearmbändern abweicht und auch dadurch seine Gleichzeitigkeit beweist. Dagegen ist die Form der Kupfermeissel, Beile, Aexte, Dolche und Messer eine solche, wie sie in Bronze entweder gar nicht oder ganz besonders selten vorkömmt, ja in Hinsicht der Spitzhaue ist die Kupferform ganz eigentümlich; kein selbst entfernt ähnliches Werkzeug aus Bronze fand sich bisher vor. Während wir aber zwischen den Kupfer- und Bronzeformen kaum einige verbindende Uebergangsformen finden, ist jene Verwandtschaft auffallend, welche zwischen den Kupfermeisseln und Steinmeisseln stattfindet. Dies sehen wir hauptsächlich bei den einfach durchbohrten Meisseln, bei welchen das Kupfer wirklich insofern als Stein behandelt wurde, als für den Gebrauch sein Gewicht mehr in Betracht kam als seine Schärfe, so dass wir die Kupferformen sehr leicht mit den Steinformen in Verbindung bringen können und jene wirklich als die naturgemässe Fortsetzung und Entwickelung dieser erscheinen.

XI. Ingwald Unsedt spricht sich in seinem Werke über das Bronzealter in Ungarn über die Kupferfrage folgendermassen aus: «Was die allgemeine Aufmerksamkeit auf das Bronzealter in Ungarn richtete, war der merkwürdige Umstand, dass hier Gegenstände aus reinem Kupfer in grösserer Menge gefunden werden, als in jedem anderen Lande Europa's. Pulszky suchte diesen Umstand in einem Vortrag vor dem Congresse zu erklären, indem er aufmerksam machte, dass eine ganze Reihe von Formen in Kupfer vorkommt, welche in Bronze nicht gefunden wird. Verschiedene Kupfertypen sind den Steintypen ähnlich und die chemische Zusammensetzung der Kupferwerkzeuge entspricht vollkommen dem Kupfer, welches in gediegenem Zustande in Oberungarn gefunden wird. Daraus folgert er, dass wir in Hinsicht auf Ungarn eine Kupferzeit anerkennen müssen, welche dem

Bronzealter vorangeht. Dieser Grad der inländischen Civilisation bildete sich hier, seiner Ansicht nach, nicht durch einen Uebergang in das Bronzealter aus; dies war ja unmöglich, denn das Zinn kömmt nirgends in Ungarn vor; doch habe das Kupferalter dem erobernden Bronzealter einige Typen geliehen, welche dieses aufnahm und veredelte. Wie Pulszky sich ausdrückt, fand das erobernde Volk der Bronzecultur in Ungarn eine Bevölkerung vor, welche von der Steinzeit ausgehend, schon die Cultur der Kupferzeit erreicht hatte. Das Bronzevolk war gebildeter, als das Kupfervolk, doch nahm es von diesem einige Typen auf und indem es diese nachamte, veredelte es diese Formen und verzierte dieselben.

Es ist sicher, dass diese Gegenstände sich durch ihre Gestalt, wie durch ihren Stoff von den Bronzen unterscheiden, doch gibt dieser Umstand kaum einen hinlänglichen Grund dazu, eine specielle Kupferzeit anzunehmen, welche als Kettenring zwischen der Steinzeit und der Bronzezeit zu dienen hätte. Die Typen, welche wir in Bronze nicht vorfinden, beschränken sich auf einige Hämmer und Keilhauen, deren Form durchaus nicht primitiv ist. Ihre Eigentümlichkeit kann daraus erklärt werden, dass sie für einen bestimmten Zweck(?) verfertigt wurden. Die Bronzetypen dagegen, welche in seltenen Exemplaren auch in Kupfer gefunden werden, gehören in eine hinlänglich vorgeschrittene Zeit des Bronzealters. Auch eine allgemeine Uebersicht der durchbohrten Kupferwerkzeuge scheint es zu verbieten, dass wir aus diesen seltenen und hinlänglich ausgebildeten Formen ein besonderes Zeitalter, einen besondern Grad der Cultur bilden sollten. Bei dem gegenwärtigen Stand der Untersuchungen scheint die Ansicht sicherer zu sein, dass die Kupfergegenstände eine besondere Gruppe der Bronzezeit in Ungarn bilden, und dieser Umstand ist daraus erklärlich, dass die Menschen erlernt hatten, das inländische Kupfer zu verarbeiten und dass sie dasselbe zur Herstellung solcher Werkzeuge gebrauchten, welche für einen besonderen Zweck verfertigt wurden. Dass Ungarn seine Bronzezeit von aussen erhielt, das erkennt Pulszky vollkommen an».

XII. *Die Herstellung der Kupfergeräte.* Wenn wir die Altertümer zu dem Zwecke untersuchen, uns von der Art ihrer Herstellung zu überzeugen, so finden wir, dass sich an den amerikanischen Exemplaren keine Spur des Gusses zeigt. Bei Altertümern aus der Bronzezeit aber sind Spuren des Gusses nicht eben selten; so sehen wir auch in der Sammlung des ungarischen Nationalmuseums viele Stücke, bei denen der Guss nicht gelungen, Celte, welche entweder löcherig sind, oder beim Gusse den Kern hinausgestossen haben, so dass an die Stelle des Schaftloches ein massiver Meissel aus der Form kam; bei anderen wieder ist das Oehr zusammengefallen, weil dieselben aus der Gussform genommen wurden, ehe sie genügend abgekühlt waren, um ihre Form zu behalten. Es gibt Stücke, bei welchen die Gussnähte nicht weggeschliffen wurden, und wieder solche, bei denen die Spuren dieser Nähte auch nach dem Schleifen noch sehr gut wahrnehmbar sind. Bei den amerikanischen Kupferwerkzeugen hingegen ist durchaus keine Spur des Gusses wahrnehmbar, obgleich das Kupfer, da es im geschmolzenen Zustande dickflüssiger ist als die Bronze, die Hohlräume der Form unvollständiger ausfüllt als diese, und häufig Blasen wirft.

Aber bei den bekannten Kupferwerkzeugen ist ein solcher Fehler niemals wahrnehmbar, und mit einer einzigen Ausnahme, in der Sammlung des ungarischen National-Museums, ist auch keine Spur der Gussnähte zu finden. In den meisten Fällen ist die Oberfläche der Werkzeuge glatt, und nur bei den grösseren Stücken pflegen solche Unebenheiten vorzukommen, welche ein weniger geübtes Auge wohl als Gussnähte ansieht. Derartige Unebenheiten kommen auch an amerikanischen Stücken vor, und die dortigen Forscher benützten dies als Beweis, dass diese Werkzeuge gegossen seien. Es ist indessen auffallend, dass bei jenen Stücken, wo diese für Nähte gehaltenen langen erhabenen Linien sich zeigen, dieselben immer in grösserer Anzahl vorkommen, während doch, nachdem die Form gewöhnlich, besonders bei so einfachen Formen, wie jene der Kupferperiode, nur aus zwei Stücken besteht, bei den gegossenen Stücken nur an jeder Schmalseite je eine Naht vorkommen kann. Diese für Nähte gehaltenen Linien zeigen sich auch nicht als parallele gerade Streifen und sind nichts anderes, als die Spuren der ungleichen Oxydirung, denn diese ist beim Kupfer eine andere als bei der Bronze. Eine so ausgezeichnete Patina, wie sie so häufig den Bronzegegenständen zur Zierde gereicht, kömmt bei Kupfergegenständen niemals vor. Bei den flachen Meisseln finden wir nicht selten Oxydation, doch ist diese, wie schon Baron Sacken erwähnt, stets von einer matten lichtgrünen Färbung. So z. B. stimmt auch die Farbe der in Gungeria in Ost-Indien gefundenen Werkzeuge in jeder Beziehung mit der Oxydation mancher bei uns gefundenen Werkzeuge überein.

Bei grössern und dickern Stücken geht die Oxydation anders vor sich; sie wirkt gleichmässig 2—3 $^m/_m$ tief, und verwandelt das Kupfer in feinen Staub, der nicht zusammenhält, und sobald man etwas stärker daran rührt, auseinandergeht, und jene länglichen, erhabenen unregelmässigen Streifen zurüklässt, welche bei oberflächlicher Betrachtung wohl Gussnähten ähneln.

Es ist ferner auffallend, dass die aus dem Altertume auf uns gekommenen Kupferwerkzeuge härter sind, als das reine Kupfer, welches im Handel vorkömmt, wahrscheinlich, wie es auch Squier erwähnt, in Folge des Hämmerns, dessen Spur an manchen Stücken noch ganz klar wahrnehmbar ist.

Wenn wir nun die Herstellungsweise der Kupferwerkzeuge prüfen, so kann dieselbe am ehesten folgendermassen erklärt werden. Es unterliegt keinem Zweifel, dass die Menschen im Beginne dem Rohkupfer die gewünschte Gestalt durch das Hämmern gaben; auf diese Weise hergestellte Stücke sind aber bei uns nicht zu erweisen; ja, wir zweifeln sogar, dass die amerikanischen solcherart hergestellt worden wären. Man hat nämlich, nachdem man die Erfahrung machte, dass Rohkupfer bei starker Hitze schmilzt, jedenfalls auch bemerkt, dass es vorher glühend wird, und in diesem Zustand weicher und für's Hämmern geeigneter ist. So wurde das Schmieden erfunden, und unserer Ansicht nach verdanken auch unsere Kupferwerkzeuge ihre Formen eher dem Schmieden als dem Hämmern oder dem Gusse. Grössere Stücke wurden wohl gegossen, aber nach dem Gusse, der nur unvollkommen sein konnte, gab das Schmieden den Werkzeugen ihre endgültige Form.

Im ungarischen National-Museum wird zwar eine in Ságh-Vasvár gefundene durchbohrte Eisenkieskugel aufbewahrt, also ein Erz, mit welchem aber die præhistorischen Menschen ebenso verfuhren, wie mit irgend einem Steine, den sie zur Herstellung eines Werkzeugs für geeignet hielten. die Kugel bekam ihre endgültige Form durch unzählige Stösse, welche von ihrer Oberfläche kleine Stücke wegsprengten, und wurde auf dieselbe Weise durchbort, wie jedes andere Steinwerkzeug. In diesem Falle hat also der præhistorische Mensch das Metall nur als Stein betrachtet, dessen Schwere ihm gefiel, und ist deshalb diese Kieskugel in jeder Beziehung in die Steinzeit einzureihen. Ein ähnlich hergestelltes Kupferwerkzeug ist aber bisher weder in Europa noch in Amerika gefunden worden. Das Rohkupfer bricht nämlich in Folge seines geringen Härtegrades und seiner Zähigkeit nur schwer, und gibt dem Schlage eher nach, ist aber in kaltem Zustande mit dem Hammer doch nur schwer zu bearbeiten, denn die herausragenden Ecken desselben würden, platt geschlagen, an vielen Stellen feine Blätter und Lücken bilden, welche ohne Schweissung nicht zusammenhängen. Es ist wahr, dass an vielen Kupferwerkzeugen die Spuren der Hammerschläge sichtbar sind, aber die Oberfläche ist, wenn nicht von der Oxydation angegriffen, stets glatt, und selten findet man jene Blätter, welchen bei der kalten Hämmerung nicht auszuweichen ist. An den amerikanischen Kupferwerkzeugen kommt überhaupt keine Spur des Gusses vor, und sind, wie schon oben erwähnt wurde, sogar die Formen, z. B. die Schaftung derart, dass sie für das Schmieden spricht und den Guss ausschliesst. So werden im amerikanischen gediegenen Kupfer kleine Silberaugen gefunden, welche auch an den Kupferwerkzeugen wahrnehmbar sind, während doch, wenn der Kupferklumpen geschmolzen worden wäre, um in die Werkzeugform gegossen zu werden, das Silber sich mit dem Kupfer vollständig vermischt hätte. Das Verbleiben der kleinen Silberaugen in einem Kupferwerkzeug schliesst also die Möglichkeit, dass dieses Stück durch Guss entstanden sei, vollkommen aus; nicht aber die Möglichkeit des Schmiedens, so nämlich, dass das gediegene Kupfer in einen Glühzustand gebracht wurde, und dann durch Hammerschläge die gewünschte Form erhielt. Mit einem Worte, der grösste Teil der Kupferwerkzeuge erhielt seine Form weder durch den Guss, noch durch das Hämmern in kaltem Zustande, sondern durch eigentliches Schmieden. Deshalb können wir uns auch nicht den obenerwähnten Ansichten von Schmidt, Worsaae und Evans anschliessen, wenn sie die amerikanischen Kupferwerkzeuge in die Steinzeit versetzen, und dafür halten, dass man eine neue höhere Stufe der menschlichen Civilisation nur seit der Erfindung des Gusses annehmen könne, da doch ihrer Ansicht nach die amerikanischen Kupferwerkzeuge sich nur durch den Stoff, nicht durch ihre Herstellungsweise von den Steinwerkzeugen unterscheiden. Da indessen diese Geräthe und Werkzeuge nicht durch das Hämmern, sondern durch das Schmieden ihre Form erhielten, nachdem der Kupferklumpen im Feuer glühend gemacht worden, so ist doch dieses Vorgehen etwas ganz anderes, als das Steinbrechen, und die Erfindung des Schmiedens charackterisirt wohl eine neue Entwickelungsstufe des menschlichen Geistes. Demgemäss müssen wir auch in Amerika, wo wir den Guss in Abrede stellen, aber nicht das Schmieden, die Kupferzeit von der Steinzeit trennen.

Der Algonkin-Indianer, dessen de Champlain bei Squier erwähnt, der ihm erzählte, dass in seinem Vaterlande Rohkupfer in grossen Mengen gefunden werde, und dass es von dorther stückweise gebracht, dann geschmolzen und mit Steinen gehämmert werde, konnte wohl nicht den geschmolzenen, sondern nur den glühenden Zustand meinen, weil das Schmelzen das Metall wohl zum Gusse geeignet macht, aber nicht zu einer Bearbeitung mit Steinwerkzeugen oder zum Hämmern, denn hierfür eignet sich das Kupfer am besten im Glühzustande.

Vom Schmieden zeugt auch bei manchen Kupferwerkzeugen, besonders bei den Flachmeisseln, der scharfe Rand derselben, der ganz anders ist als der stumpfe gegossene Rand bei Bronzen, bei welchem sogar häufig Unregelmässigkeiten vorkommen. Nicht jedes Kupferwerkzeug verdankt übrigens seine Form blos dem Schmieden; schon Wilde erwähnt, dass beinahe alle inländischen Kupfermeissel auf der einen Seite glatter sind, als auf der andern, als ob sie in einer blos einseitigen Steinform gegossen worden wären. Dasselbe beobachteten auch wir bei einigen unserer Flachmeisseln; aber auch dies lässt den Guss nur vermuten, aber nicht beweisen, und wir sind nur in einem einzigen Falle auf eine sichere, nicht in Zweifel zu ziehende Spur des Gusses gekommen. Bei einer Kupfersichel, von der wir noch bemerken wollen, dass sie in ihrer Form mit den Sicheln, welche in den grossen Bronzefunden von Bodrog-Keresztur und Hammersdorf vorkommen, vollkommen übereinstimmt, ist an der äusseren Breitseite die Gussnaht in ihrer ganzen Länge stehen geblieben, denn man hat dieselbe nicht, wie das bei Bronzen gewöhnlich geschah, weggeschliffen, sondern in Folge der Biegsamkeit des Kupfers einfach nach Innen umgebogen, was dem Werkzeuge, da es einen unregelmässigen Saum bildet, zugleich zur Verzierung dient. Diese Sichel ist also zweifellos durch Guss entstanden, wie auch wahrscheinlich einige Meissel, Beile mit Schaftlöchern und Streithämmer oder Keilhauen. Den Guss bezeugt bei einigen Kupferwerkzeugen auch die Analyse, welche in denselben verschiedene derartige Mischungen und Verunreinigungen nachwies, wie sie bei oxydirten Kupfererzen gefunden werden, was auch auf die Herstellungsart Licht verbreitet: nämlich dort, wo das Kupfer nicht in reinem Zustande gediegen vorkommt, wurden die oxydirten Kupfererze ausgeschmolzen, und die, auf solche Art gewonnenen Kupferklumpen bildeten den Stoff der geschmiedeten Kupfergeräthe. So bemerken wir auch in der Kupferzeit einen fortwährenden Fortschritt.

Anfangs wurde nur das gediegene Kupfer geschmiedet, was im Vergleiche zur Civilisation der Steinzeit schon an und für sich einen grossen Fortschritt bezeugt; dann wurde auch das Schmelzen der oxydirten Kupfererze erfunden, und Barren gegossen, wie jener vom Szegediner Funde, welche schliesslich durch Schmieden eine solche Gestalt bekamen, wie sie sich im Leben zur Verteidigung und zum wirtschaftlichen Gebrauch als notwendig erwiesen.

Die Flachmeissel, Nadeln, Angeln, und Waffen kommen stets geschmiedet vor, und tragen oftmals noch die Spuren der Hammerschläge an sich. Am characteristischsten zeigt sich dies an einem langen Kupfermeissel aus dem Funde von Gungeria, der durch die Liebenswürdigkeit des Ingenieurs Lemesurier in's ungarische National-Museum gekommen ist, bei welchem die Seitenecken des länglichen platten Heftes durch regelmässige Hammerschläge mit einem gekerbten Saume versehen wurden; unserer Ansicht nach aber konnte dies nur im Glüchzustande geschehen sein.

Als Resultat unserer Untersuchung können wir feststellen, dass ein Teil der Kupferwerkzeuge rein dem Schmieden, und nicht dem Hämmern in kaltem Zustande, der andere Teil nach vorangegangenem Gusse ebenfalls dem Schmieden sein Entstehen verdankt, denn selbst an den gegossenen Beilen, Keilhauen und Streithämmern sehen wir häufig Spuren des Hammers, wodurch bewiesen wird, dass selbst die gegossenen Werkzeuge nachträglich durch das Schmieden jene Form erhielten, in der sie auf uns gekommen sind, wobei noch die Erfahrung zeigt, dass das Schmieden die durch den Guss weicher gewordenen Geräte härter macht.

Selbst der Sprachgebrauch lehrt uns, dass Kupfergeräte dem Schmieden, nicht dem Gusse ihre Form verdanken; wir nennen den Kupferarbeiter einen Kupferschmied, während wir bei der Bronze nur einen Bronzegiesser kennen: Gold, Kupfer und Eisen sind die Gegenstände des Schmiedens, und zu gleicher Technik geeignet, nur dass das Eisen schwerer zu gewinnen ist, als das Kupfer und das Gold.

XIII. *Funde aus der Kupferzeit.* Jene Funde aus der Kupferzeit, welche bisher bekannt und beschrieben worden sind, werfen nur geringes Licht auf das verhältnissmässige Alter der gefundenen Stücke. In Ungarn ist bisher weder eine Niederlassung noch ein Grab aus der Kupferzeit aufgedeckt worden. Im Auslande fand wohl Dr. Much einen Pfahlbau beim Mondsee, in welchem Kupferwerkzeuge entdeckt wurden; bisher wissen wir aber nur soviel davon, als aus den Notizen der Wiener Bronze-Ausstellung zu entnehmen ist, dies ist aber herzlich wenig, nicht mehr als Folgendes:

«424, Tafel mit 25 Stücken: Meissel, Dolche, Armbänder, Nadeln, Angeln aus der ältesten Zeit der Metallverwendung; Alles aus Kupfer. Fundorte: Zumeist Pfahlbau im Mondsee, Roggendorf.» Die Stücke selbst sind zumeist Flachmeissel mit Formen aus der Steinzeit, wie ja in jener Pfahlbau-Niederlassung hauptsächlich Gegenstände aus der Steinzeit gefunden wurden.

Die Kupfergegenstände kommen meistens sporadisch vor, oft wohl auch an solchen Stellen, wo schon Gegenstände aus der Bronzezeit, ja auch noch aus späterer Zeit gefunden wurden, aber nicht in derselben Schichte und zugleich mit den Kupfergegenständen; solche Funde beweisen also nur, dass jener Ort seit den ältesten Zeiten fortwährend bewohnt war, und wenn auch ein oder das andere Mal verwüstet, immer wieder von Neuem besiedelt wurde. Vergessen wir auch nicht, dass regelrechte Ausgrabungen bei uns nur selten geschehen, und noch seltener genau beschrieben werden, ja dass selbst die genaueren Sammler kaum auf alle Umstände des Fundes Acht haben. So wurden z. B. in Tordos die Ueberreste der Stein-, Bronze- und Römerzeit vermischt gefunden, während doch die Gleichzeitigkeit der ausgegrabenen Gegenstände eine Unmöglichkeit ist, und auch das weniger geübte Auge gleich auf den ersten Blick wahrnimmt, dass die Gegenstände nicht zu gleicher Zeit verfertigt sein können. Die Oertlichkeit erklärt indessen hinlänglich diese scheinbare Unregelmässigkeit. Die Flut der Maros unterwäscht nämlich im Frühling das Tordoser Ufer, welches in Folge dessen einzustürzen pflegt, und in solchem eingestürzten Boden fand man die Denkmäler der Steinzeit in grosser Menge, und neben ihnen Kupfergeräthe, Ringe, Armbänder, gemischt mit Gegenständen aus der Bronzezeit, ja sogar mit verzierten Thongegenständen, welche auf der Drehscheibe gearbeitet in römische Zeiten gehören. Die Bauern, welche den Kirchengrund oben am Ufer besitzen, gestatten dort das Graben nicht, wo der Forscher die aus verschiedener Zeit stammenden Schichten erkennen könnte. Unten sind die Reste aller Zeitalter, welche man oben von einander getrennt finden würde, durch einander gemengt. Tordos gibt also trotz der besonderen Wichtigkeit der gefundenen Gegenstände keine Antwort auf die Frage der Zeitbestimmung.

Wenn aber auch die Frage der Zeit nicht durch die einzelnen Funde entschieden werden kann, so kann jedenfalls eine Zusammenstellung der Fundorte uns einen Begriff geben von der Verbreitung der Gegenstände aus der Kupferzeit; deshalb beabsichtigte ich auch, in den folgenden Zeilen eine Statistik der Kupferfunde in Ungarn zu geben, welche wohl ziemlich unvollständig, aber für unseren Zweck genügend ist.

In Aszód im Galgatale sammelte Johann Varsányi Jahre lang Altertümer, welche dann in's Nationalmuseum kamen; unter diesen befindet sich ein flacher Kupfermeissel (S. das photographische Album des National-Museums, Taf. LX. Nr. 70) und ein Kupferhammer (ebendort, LXIX. 23.).

In dem Hársashegyer, Terennyeer Grabfeld aus der Bronzezeit, im Comitate Neograd ein gebrochener flacher Kupfermeissel (LX. 41).

In Kud, im Comitate Szolnok-Doboka fand sich ein zweischneidiger kupferner Streithammer.

In Lapujtó im Comitate Neograd wurden viele Bronzegegenstände, Silbermünzen aus keltischer Zeit, dabei ein flacher Kupfermeissel ausgegraben, aber diese Gegenstände wurden nicht beisammen gefunden, obgleich sie als Geschenk des Herrn Franz von Szontágh zusammen in's Museum gelangten.

In Szent-Abraham fand sich unter einer grossen Menge von Thongefäss-Bruchstücken ein Kupferhammer, der in's siebenbürgische Museum kam. (Siehe Blasius Orbán, Beschreibung des Széklerlandes, pag. 120, Goos, Chronik pag. 8.).

Aus Szász-Ugra im Comitate Nagy-Küküllö erhielt das Bruckenthal-Museum einen kupfernen Streithammer (Goos, Chronik pag. 22.).

In den »Archæologiai közlemények« Band IV, pag. 166, wird bei dem Füzesabonyer Fund, der die Reste einer Gusswerkstätte enthielt, erwähnt, dass sich zwischen den Bronzebarren auch ein Kupferkuchen vorfand. Es wurde aber nicht durch Analyse, sondern nur nach der Weichheit des Metalls bestimmt, dass jener Kuchen wirklich Kupfer und nicht wie die übrigen ein Bronzebarren sei. Aber selbst wenn es erwiesen wäre, dass dieser Kuchen reines Kupfer war, könnte dies nicht als ein Beweis für die Gleichzeitigkeit des Kupfers und der Bronze-Industrie angenommen werden, denn, wie auch Reissenberger bei der Beschreibung des Hammersdorfer Fundes erwähnt, fliesst dort, wo Bronzebruchstücke eingeschmolzen werden, das mit Zinn legirte Metall beim Gusse früher aus, die Barren werden also nach einander immer geringer zinnhältig, und die letzten bestehen beinahe blos aus Kupfer und zeigen nur geringe Spuren des Zinnes. Dieses finden wir auch bei den Bronzekuchen des Domahidaer Fundes.

1876 fand man in Verde im Comitate Nagyküküllö einen kupfernen Streithammer zugleich mit den Bruchstücken dreier ähnlicher.

Das Schässburger Museum besitzt auch einen kupfernen Streithammer aus der Gegend von Bisztricz in Siebenbürgen. (Goos, Chronik pag. 14.)

In Dorozsma im Comitate Csongrád fand man in der Mitte der Stadt im Jahre 1862 drei kupferne Gegenstände. (Photographischer Atlas, LX, 59, 63, 75.)

Herr Franz Drahotuszky schenkte im Jahre 1873 mehrere Altertümer dem Nationalmuseum, welche in Ovcsarszkó im Comitate Trencsin gefunden worden, darunter einen Kupferdolch. (Photographischer Atlas, LX, 72.)

Herr Theodor Lehóczky fand in Tövisfalu im Comitate Bereg einen Kupferhammer.

In Taksony fand man zwei kupferne Streithämmer, welche als Geschenk in's Museum kamen.

In Kápolna im Comitats Heves fand man einen Kupfermeissel.

Aus Békásmegyer brachte man zu wiederholten Malen Kupfergegenstände und Bronzen in's Museum, welche angeblich beim Ackern zum Vorschein gekommen waren.

Aus Ó-Bars im Comitate Neutra, aus Lippa, Sényö und Sámson im Comitate Szabolcs, aus Kisköze im Comitate Heves, von den Murányer Weinbergen im Comitate Temes und aus Trauendorf in

Siebenbürgen, sahen wir bei der Budapester præhistorischen Ausstellung je einen kupfernen Streithammer, ferner eine Nadel aus Tószeg, Flachmeissel aus Waitzen und Beile aus Aba und Tura in Szabolcs.

In Altofen fand man eine grosse Angel und einen Flachmeissel.

In Pest einen schönen Streithammer, der im Besitze des Herrn Tarcsay ist.

Aus Maros-Vásárhely sandte man unlängst zwei Beile dem Museum.

Aus Ó-Szöny kamen ebenfalls mehrere Mal Kupfergegenstände in's Museum, so wie auch aus der Nachbarschaft von Neutra und aus der Gegend von Pressburg Flachmeissel aus Kupfer.

Aus all' diesem ist ersichtlich, dass die sporadischen Kupferfunde sich durch das ganze mittlere Donaubecken erstrecken, vom österreichischen Mondsee und der «Langen Wand» bis zu den Schneebergen Siebenbürgens, und im Süden bis Croatien. Aus diesem Gebiete sind bis nun ungefähr 500 Kupfergegenstände bekannt, 250 davon im ungarischen Nationalmuseum; im Züricher Museum mehr als 50, bei der Wiener Bronzeausstellung aus den Sammlungen des Dr. Mathias Much, Fürst Windischgrätz, Gebrüder Egger, Professor Maska, F. Trau und den kaiserlichen Museen zum Mindesten ebenso viele Stücke. Ueberdies kommen in den ungarischen öffentlichen und privaten Sammlungen und Museen, besonders im siebenbürgischen Museum in Klausenburg und im Bruckenthal'schen in Hermannstadt zahlreiche Kupferaltertümer vor, so dass wohl die aus der Seltenheit der Gegenstände geschöpfte Einwendung kaum mehr ernstlich vorgebracht werden kann.

In Bezug auf die Zeit der Kupferwerkzeuge würden wohl Schatzfunde die beste Aufklärung geben, da dort Gegenstände in grösserer Menge an einem Orte zu gleicher Zeit zum Vorschein kommen, welche absichtlich versteckt wurden. Solche Funde sind in unserem Vaterlande nicht gerade selten, um so seltener aber solche, wo Kupfer- und Bronzegegenstände zusammen gefunden wurden. Ein derartiger ist der Andrásfaluer Fund (siehe Archæologiai Közlemények, Band VIII, pag. 123), wo 17 Bronzenadeln mit einem Kupferhammer angeblich beisammen gefunden wurden.

In Varasdin-Teplitz im Comitate Varasdin stiess man im Jahre 1873 auf einen bemerkenswerten Schatz. Es waren dort 45 Kupferäxte, von welchen zwei durch die Liebenswürdigkeit des Doctor Kern in's Nationalmuseum kamen, einer gelangte in die Sammlung der anthropologischen Gesellschaft von Paris, und der grösste Teil in's Agramer Museum. Der Fund ist zwar nirgends beschrieben worden, doch haben wir nicht gehört, dass mit diesem Schatze irgend andere Gegenstände gefunden worden wären.

Zu den hervorragendsten Kupferfunden gehört jedenfalls der Römische, als der Einzige, wo menschliche Gestalten aus Kupfer vorkamen, auch diese mit Spuren des Hämmerns; ferner der Szegediner Fund, der ebenfalls blos Kupfergegenstände enthält; der Domahidaer, wo neben Bronzegegenständen ein verbogenes Spiral-Zierstück aus Kupfer entdeckt wurde, und der Lucskáer, bei welchem ein Kupferbeil in einem Grabfeld aus der Steinzeit gefunden ward.

Die in der Nachbarschaft von Wiener-Neustadt am Lange Wandberge gefundenen Kupferwerkzeuge, welche zusammen mit goldenen Zierplatten entdeckt wurden, haben wir schon früher erwähnt, kommen auf dieselben aber wieder zurück. Jeder dieser Funde verdient unsere besondere Aufmerksamkeit und eine ausführliche Besprechung.

XIV. *Der Römische Fund.* Kupferdenkmäler kamen ganz unerwartet in ganz neuen Formen gerade in Rom vor. Leone Nardoni gibt im 1878er Bulletino des archæologischen Instituts ziemlich ausführliche Nachricht über einige am Viminal gefundene Statuetten aus reinem Kupfer. Er erzählt, dass im Dezember 1876 Arbeiter beim Graben eines Hausgrundes auf einen Stollen stiessen, in einer Tiefe von 6 ^{m}/ unter dem jetzigen Strassenzuge. In der einen Seitenwand fanden sie einen schwarzen Thonkrug, den sie zerbrachen, und darin 20 menschliche Statuetten, alle aus reinem Kupfer. Von diesen kamen 17 in den Besitz Nardoni's, darunter sind 6 weibliche Figuren in langem Gewand, bei welchen aber trotzdem Brust und Nabel durch kleine Kreise bezeichnet sind, 11 Statuetten zeigen nackte Männer.

Sämmtliche 17 Statuetten sind ohne Hauptbedeckung, das Haar wird hie und da durch Einschnitte angezeigt, das Gesicht ist hässlich und unförmlich, der Mund geöffnet und breit, zwei kleine concentrische Kreise bezeichnen das Auge, die Nase ist länglich und spitzig, die Arme kurz und steif, vier eingeschnittene Linien von der Mitte bis zum Ende des Armes bezeichnen die Hand, die Beine sind auseinander gespreizt, eine nach Vorne gebogene Fortsetzung gibt den Fuss an. Unter diesem ist eine pyramidenförmige Stütze, welche die Statuetten an die Basis befestigte. Sämmtliche Figuren sind nicht gegossen, sondern geschmiedet und mit der Feile ausgearbeitet, deren Spur an mehreren Stellen sichtbar ist. Im Uebrigen sind sie gleichförmig, nur an Grösse und Gewicht verschieden. Bei der Analyse ergab sich reines Kupfer. Sie haben gar kein Emblem oder Attribut, nach welchem sie genauer zu bestimmen wären. Die Arbeiter behaupteten, dass sie an der Seite des Puozzolanstollens drei solche Gefässe fanden, und dass in jedem derselben zwanzig solche Statuetten waren.

Dieser Fund ist der erste, bei welchem menschliche Gestalten aus Kupfer vorkamen.

XV. *Der Szegediner Kupferfund.* Die Reconstruction der Stadt Szegedin, die Erhöhung der Strassen und die Aufführung der Dämme machte eine grosse Erdbewegung notwendig, die in den verschiedenen, in der Gemarkung Szegedin's ausgegrabenen Altertümern ein Stück Geschichte an's Tageslicht brachte. Diese dienten auch zum Beweise der bekannten Erfahrung, dass jene Orte, welche jetzt in Hinsicht auf den Handel oder die Strategie wichtig sind, schon in alter Zeit als solche erkannt wurden, ja sogar schon in der sogenannten præhistorischen Zeit Wohnorte verschiedener Völker waren. Dieses sehen wir auch bei Szegedin, der an Bewohnerzahl zweitgrössten Stadt Ungarns. Dort finden wir nicht blos Altertümer aus der Avarenzeit, sondern auch diesen noch weit vorausgehende aus der Bronzezeit, ja dort ist sogar der seltene Fall eingetreten, dass ein, wenn auch nicht sehr ausgedehnter Kupferschatz ausgegraben wurde. Derselbe wird gegenwärtig im Szegediner Stadtmuseum aufbewahrt, die Zeichnungen geben wir auf der beigefügten Tafel, so wie sie ursprünglich im «*Archaeologiai Értesitő*» 1881, Taf. 2, publicirt wurden.

Unter Fig. 1 (S. 23) sehen wir einen zerbrochenen Streithammer, in dessen Schaftloch drei verschieden geformte Meissel eingezwängt sind, so als ob er diesen als Scheide dienen sollte. Unter Fig. 2 einen Kupferbarren, der zum Gusse bereitet ist, und unter Fig. 3 einen zweischneidigen Streithammer, wie solche in Kupfer sehr häufig, in Bronze niemals vorkommen.

Was diese Gegenstände betrifft, so gleicht der zerbrochene

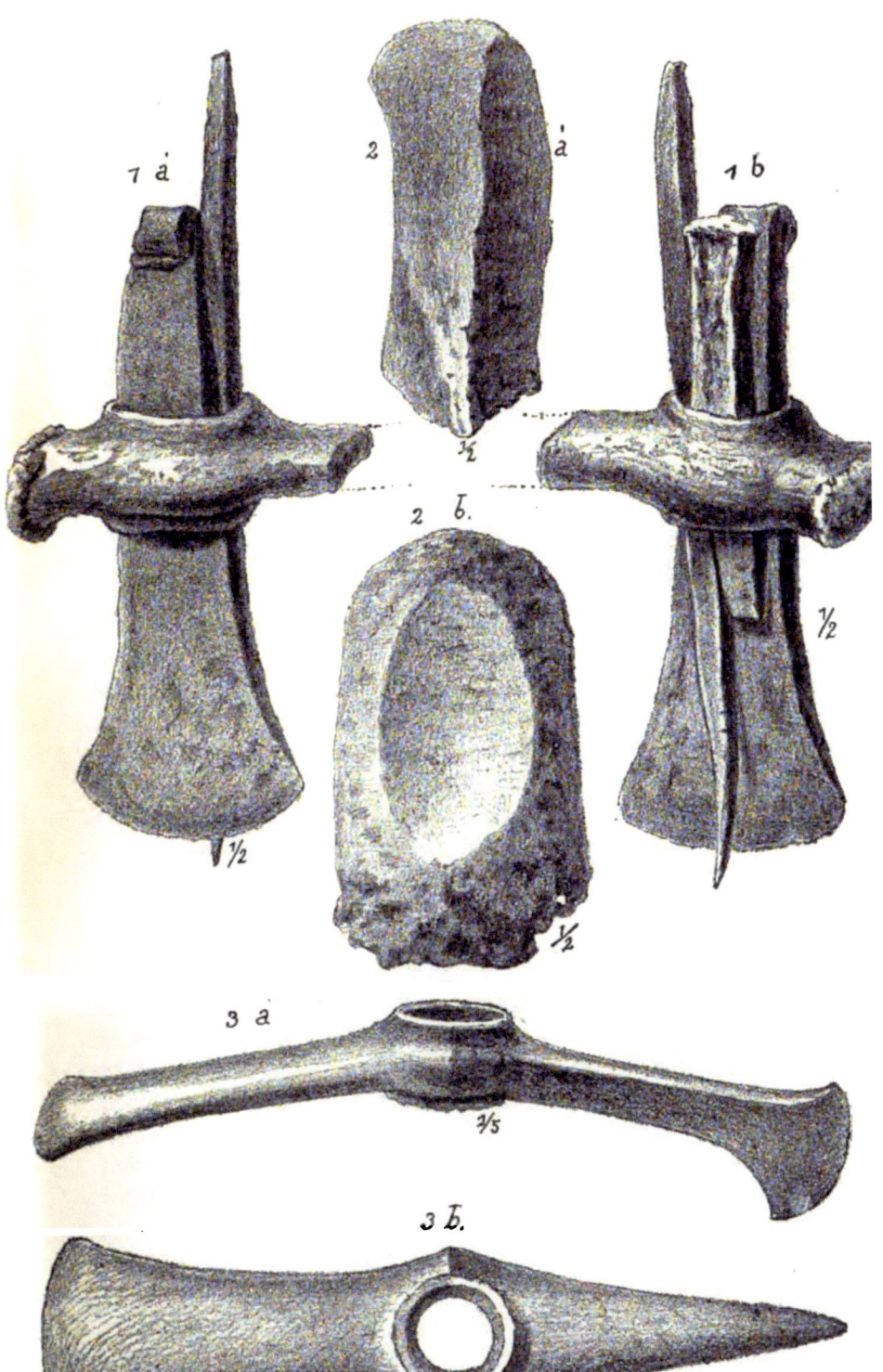

Streithammer, der hier in halber Grösse wiedergegeben ist, vollkommen den durchbohrten Steinwerkzeugen. Der obere stumpfe Teil ist durch den Gebrauch vollständig auseinander geschlagen, und ist vielleicht als Hammer beim Schmieden der Kupferwerkzeuge benützt worden. Der längere spitze Teil ist schon in der Urzeit abgebrochen, und der ursprüngliche Streithammer diente später in dieser verstümmelten Form als Scheide oder Behälter der drei Meissel. Der grösste von diesen ist ein Flachmeissel von jener gewöhnlichen unten breiten oben schmäleren Form, wie sie bei Kupfergegenständen häufig vorkömmt. Der obere schmälere Teil ist dort, wo er in den Holz- oder Beinschaft gehört, umgebogen. Diesen eigentümlichen Bug finden wir oft bei den Kupferwerkzeugen sowohl, wie bei den Waffen, nicht blos in Ungarn, sondern auch bei jenen Funden von der Insel Cypern, welche Franks, der Custos der Altertumsabteilung des British-Museum, in dem Compte-rendu des internationalen Congresses von Stockholm publicirt hat.

Der dritte Gegenstand ist ein schmaler Meissel, dessen Körper ganz viereckig ist; die Schneide ist vollkommen erhalten, während der Kopf durch Hammerschläge breiter geschlagen wurde, was auf eine lange Benützung deutet. An der Seite sind noch die Zeichen des Hämmerns sichtbar. Zwischen diesen beiden Meisseln ist ein dritter, viel längerer, spitzer, in seinem Querschnitte viereckiger Meissel eingezwängt, der in eine scharfe Spitze endigt, wie die Pfrieme, und welcher als Werkzeug oder auch als Waffe z. B. als Lanzenspitze benützt werden konnte, denn in jenen alten Zeiten diente jedes Werkzeug, ebenso im Kampfe als im Haushalte bald als Waffe, bald als Werkzeug.

Der Kupferbarren, den wir unter Fig. 2. in der Vorder- und Seitenansicht mitteilen, ist offenbar gegossen. In seiner Form weicht er von jenen Bronze-Kuchen ab, welche so häufig unter den Resten der urzeitlichen Gusswerkstätten vorkommen und in ihrer Form an einen Brotlaib oder ein abgeschnittenes Stück desselben erinnern. Auch dieser Kuchen ist in halber Grösse gezeichnet, und konnte nur zum Gusse kleinerer Gegenstände wie z. B. Flachmeissel, genügen. Zu bemerken ist, dass dies der erste reine Kupferbarren ist, welcher in unserem Vaterlande gefunden wurde.

Der zweischneidige Streithammer, Fig. 3, ist in ²/₅ der natürlichen Grösse wiedergegeben; seine Form gehört zu den, der Kupferzeit eigentümlichen, indem von den beiden Schneiden die eine vertikal, die andere horizontal gebildet wird. An dem hier mitgeteilten Exemplare lässt sich keine Spur der Benützung wahrnehmen, obzwar der Stoff, aus dem es verfertigt ist, das Kupfer, ziemlich weich ist, daher an vielen Kupferwerkzeugen häufig die Spur einer durch Hämmerung geschehenen späteren Ausbesserung wahrzunehmen ist.

XVI. *Der Lange Wand*-*Fund*. Baron Eduard Sacken, dessen allgemeine Betrachtungen über die Bronzezeit wir oben berührt haben, beschreibt die Kupfergegenstände, welche an der Abdachung der Hügelkette der Langen Wand 1864 beisammen gefunden worden, folgendermassen detaillirt:

1. Zwei massive Meissel oder Keile (er gibt auch die Zeichnung des einen, der vollständig identisch mit einer der von uns mitgeteilten Formen ist) von primitiver Form, ohne Vorrichtung zur Befestigung an einen Stiel. Der eine, $6^{1}/_{4}$ Zoll lang, an der Schneide $1^{1}/_{2}$, am Kopfe nur $^{3}/_{4}$ Zoll breit, 8 Linien dick, oben und unten mit sanfter Wölbung, die Schneide scharf zugedengelt, dürfte mehr als Keil gebraucht worden sein, und zeigt an Kopf und Schneide Spuren des Gebrauches, indem bei beiden das Metall über die Contour hinausgedrückt erscheint. Das zweite Instrument, von $5^{1}/_{4}$ Zoll Länge, die stark convexe Schneide 2 Zoll, der Kopf etwas über $^{3}/_{4}$ Zoll breit, ist auf einer Seite flach, auf der anderen etwas gewölbt; es scheint, dass es mit ersterer auf einen eingeschnittenen Stiel gelegt und an denselben festgebunden wurde, um als Axt verwendet zu werden: auf der flachen Seite erscheint die Schneide zugeschliffen, woraus deutlich hervorgeht, dass das Werkzeug in Gebrauch war.

2. Acht flache Doppelspiralen aus cylindrischem Draht, der nach Massgabe der Verengung der Windungen dünner wird und zwischen den beiden Spiralscheiben einen sie verbindenden Bügel bildet. In Bezug auf die Windungen und den Verbindungsbügel herrscht einige Verschiedenheit, doch sind die Stücke paarweise immer völlig gleich, manche sehr exact, andere ungleicher sowohl im Draht, als im Zusammenbiegen gearbeitet. Ein Paar hat einen ganz kleinen, oben abgerundeten Bügel, so dass die beiden Disken fast zusammenstossen; der Durchmesser einer jeden derselben beträgt 4 Zoll bei 12 Umgängen. Die Verjüngung des Drahtes ist so entsprechend, dass die Kreisform nicht im Geringsten gestört wird, und die Windungen genau aneinander schliessen, den ganzen Raum bis auf eine erbsengrosse

Oeffnung in der Mitte ausfüllend. Alle übrigen erscheinen minder geschickt und sorgfältig ausgeführt, der Bügel in der Mitte ist breiter, griffartig 3—3 ½ Zoll, die Scheiben selbst besitzen einen Durchmesser von 4 ½ Zoll bei 5—7 unregelmässigen Windungen, die in der Mitte eine Oeffnung von 1 ¼—2 ¼ Zoll freilassen; wahrscheinlich verstand der Verfertiger es nicht so gut, wie jener der beiden ersteren, den Draht so fein zu hämmern, als es die kleinen Windungen im Innern erforderten. Die Spiralen bestehen aus Kupfer, haben eine geringe Federkraft, sind weich und biegsam.

3. Zwei Spiralen aus zwei Linien breiten, innen flachen, — aussen etwas convexen Streifen bestehend, die an den Enden spitz zulaufen, kaum Armbänder, da sie einen Durchmesser von nur 1 ⅜ Zoll haben und bei einer Länge von 3 Zoll ganz cylindrisch sind, daher zum Tragen am Arme nicht geeignet erscheinen, abgesehen davon, dass sie höchstens über eine Kinderhand gezogen werden könnten. Wenn sie daher Armringe waren, so passten sie nur für ein Kind. Die Windungen liegen nicht knapp aneinander, sondern sind locker; eines hat 9½, das andere 10 Umgänge.

4. Röhrchenartige Spiralen aus schmalen Blechstreifchen in engen, fast an einander liegenden Windungen gebildet; sie sind von drei verschiedenen Dimensionen: von 4½ Linien Durchmesser, der Streifen etwas über ½ Linie breit, — dünnere derartige und aus einem 1½ Linie breiten Bande gewundene von 4 Linien Durchmesser. Von ersteren ist eine Gesammtlänge von 1½ Fuss, von letzteren noch eine etwas grössere in mehreren Stücken vorhanden.

5. Ein halbrunder Beschlagreifen, unten flach, oben etwas gratig, an einem Ende etwas breiter, mit drei Nietlöchern zur Befestigung, wahrscheinlich auf Holz, versehen, am schmäleren Ende mit einem Loche. Er hat die Form eines Halbkreises von 4⅜ Zoll Durchmesser.

Sämmtliche bisher beschriebene Gegenstände bestehen aus ungemischtem Kupfer und sind mit einer hellgrünen weichen abfärbenden Patina von kohlensaurem Kupferoxyd überzogen, die sich leicht abschaben lässt, bei den sorgfältig gehämmerten Gegenständen fester anliegt und glatter ist, bei den anderen mehr eine lockere Kruste bildet; mit einer Säure benetzt, braust sie auf. Mit diesen Objecten wurden auch gefunden: Zwei Scheiben von Gold, eine 4 Zoll, die andere 5¼ Zoll im Durchmesser, beide vollkommen entsprechend jenen, die an mehreren Stellen in Ungarn gefunden wurden.

XVII. *Der gemischte Fund von Domahida.* Im Herbste des Jahres 1880 traf ich in dem Couloir des Abgeordnetenhauses meinen alten Freund, den Deputirten Stephan von Domahidy, der mir erzählte, dass in Domahida, im Comitate Szathmár, Arbeiter eine grössere Anzahl Bronzegegenstände ausgeackert hätten. Diese Gegenstände befanden sich in einem Thonkruge, den die Arbeiter allsogleich zerbrachen; sie fanden darin eine grössere Anzahl Streitbeile, Ringe und Bronzekuchen, von denen allen Herr von Domahidy nur einige Stücke behielt; eine verstümmelte Lanzenspitze, die durch ihre lichte, silberartige Farbe die Aufmerksamkeit auf sich zog, und einen eigentümlichen Meissel; die übrigen Gegenstände nahm Herr Eugen von Péchy für seine Sammlung; unter diesen befand sich eine ganze Lanzenspitze und ein dreieckiger verbogener Gegenstand. Nach dem Tode Eugen Péchy's im Jahre 1883 wurde die Sammlung für das Museum angekauft, und erwies sich dieser Domahider Fund als aus einer Gusswerkstätte stammend, wie das die zahlreichen Bronzebruchstücke und Gusskuchen, dann die vielen fehlerhaft gegossenen Gegenstände und die ganz neuen Armringe beweisen.

Unter diesen Sachen wurde eine verbogene und an einer Stelle gebrochene Spiralplatte aus Kupferdraht gefunden, ähnlich jenen Spiralplatten, welche Baron Sacken beim Funde von der «Langen Wand» beschreibt.

Schätze aus Gussstätten gehören im Auslande zu den seltenen, bei uns sind sie häufig. Bekannt ist der Fund von Hammersdorf in der Nähe von Hermannstadt, aus welchem mehr als dreihundert Stücke in's National-Museum gelangten, nachdem die Beamten des Bruckenthal'schen Museums schon vorher an hundert Stücke ausgewählt hatten. Trotzdem blieb noch immer eine grosse Anzahl von Sicheln bei den Findern, die von diesen an ausländische Museen verkauft wurden, während die Bronzekuchen, deren Gewicht mehrere Centner betrug, beinahe ohne Ausnahmen eingeschmolzen wurden. Es war dies unseres Wissens der grösste Bronzefund in Ungarn. Der Bodrog-Keresztúrer Fund gehört ebenfalls zu den bedeutendsten, es kamen aus ihm mehr denn zweihundert Stücke in's National-Museum; einige Sicheln fanden ihren Weg nach Wien. Dieser Fund befand sich ebenso wie der von Domahida in einem Thongefässe. Der schöne

Fund von Fünfkirchen und jener von Felső-Dobsza war ebenfalls in Thongefässen verborgen, so wie auch der Riesenfund von Bologna wo 14000 Bronzegegenstände und Bruchstücke sorgsam eingelagert waren. ferner der Larnauder Fund in Frankreich und ähnliche Funde in Deutschland.

Jener Umstand, dass die Bronzegegenstände sorgsam in einen Topf gelagert eingegraben wurden, gab zu der Vermutung Anlass, wie das besonders Worsaae neuerdings zu beweisen suchte, dass diese mit Bronzegegenständen gefüllten Thongefässe als Weihopfer zu Ehren einer Gottheit verborgen wurden. Gegen diese Hypothese spricht aber doch die Erfahrung, dass diese Schätze an den verschiedensten, oft so abgelegenen Orten gefunden wurden, dass sie kaum als geheiligte angesehen werden können. Die vergrabenen Bronzekuchen aber, in Hammersdorf sogar auch Zinnstücke, ferner die zerbrochenen oder beim Gusse nicht gelungenen Werkzeuge, die ganz frischen Gussstücke, wobei manchen sogar die Gussnähte nicht abgeschnitten sind, die ganz funkelnagelneuen, rein gearbeiteten, noch nicht in Gebrauch gewesenen Waffen, Meissel, Sicheln und Ringe lassen vermuten, dass alles dies die Ueberreste von urzeitlichen Gussstätten sind, nicht aber Opfer- oder Weihgegenstände.

Solche Funde, welche, wie schon erwähnt, im Auslande nur ausnahmsweise vorkommen, erwecken immer die grösste Aufmerksamkeit, weil man nach den zusammengehäuften Bruchstücken die einstmalige Civilisation jener Gegend beurteilen kann, wo dieselben gefunden wurden, ja es sind sogar manche urgeschichtliche Werkzeuge an vielen Orten nur aus solchen Bruchstücken bekannt, da sie dort in unversehrtem Zustande nicht vorkommen. Die Zeit des Verbergens bestimmen natürlich die jüngsten Formen, es geschah aber oft, dass die Gleichzeitigkeit aller Gegenstände eines solchen ganzen Fundes als bewiesene Tatsache angenommen wurde.

Wollten wir diese Theorie als richtig anerkennen, dann würde es schwer halten, die typologische Reihenfolge, welche die Praehistoriker auf eine sorgsame, ich möchte beinahe sagen, haarspaltende Weise aufzustellen versuchten, auch weiterhin aufrecht zu erhalten, und man könnte höchstens behaupten, dass die älteren Formen zugleich mit den jüngeren in Gebrauch blieben, denn bei grösseren Funden kommen die sogenannten älteren und jüngeren Formen sehr häufig beisammen vor. So finden wir auch in dem Domahidaer Fund Formen verschiedenen Alters. Zum Abweis der möglichen Beschuldigung, als ob wir irgend einen Umstand verschwiegen, der unsere Behauptung, dass in Ungarn die Kupferzeit der Bronzezeit vorangegangen, abschwächen könnte, halten wir es für unsere Pflicht, diesen Fund detaillirt zu beschreiben und dabei mit jenen Gegenständen zu beginnen, welche die Praehistoriker in die späteste Epoche der Bronzezeit einreihen.

Der bedeutendste Gegenstand dieses Fundes ist jedenfalls ein eigentümlicher Meissel, zu dem ich blos eine einzige Analogie aus dem Felsödobszaer Funde kenne; beide Exemplare befinden sich gegenwärtig im Besitze des National-Museums. Wie aus der beigefügten Abbildung (S. 31) ersichtlich, zeigt der vordere Teil des Meissels die gewöhnliche Celtform, oben mit dem halbmondförmigen Rande, eine den ungarländischen Bronzecelten eigentümliche Form. Bei unserem Exemplare hat aber der Celt nur scheinbar ein Schaftloch, denn anstatt des Holzschaftes, der in das Schaftloch gehört, wurde diesem Celte im Gusse eine hübsche, cylinderförmige, sich gegen die Mitte regelmässig ausbauchende Fortsetzung als Ansatz gegeben. Dieser Ansatz ist in der Mitte mit einem Schaftloche versehen, so dass dadurch der Celt zum Streithammer umgewandelt erscheint, oder wie das Inventar des Museums sich ausdrückt: dieser Celt die Vereinigung von Meissel und Streitbeil repräsentirt. In den ausländischen Museen ist eine solche Form niemals beobachtet worden, und gehört auch bei uns, wie bemerkt, zu den allerseltensten Formen. Es ist natürlich, dass diese Form eine spätere ist, als die des einfachen Celtes, von dem diese Form abstammt, und der selbst jünger ist, als der Paalstab mit Schaftlappen oder als der Flachmeissel.

Jenes Lanzenbruchstück, welches gleich anfangs durch die Liberalität des Herrn Stephan Domahidy in's Museum kam (siehe Fig. 3), weicht ebenfalls vollständig von der gewöhnlichen ungarländischen Form ab; wir kennen auch im Auslande keine Analogie dafür. Die beiden Flügel beginnen schon in einer Höhe von 3 %m über der mit einem emporstehenden Rande versehenen Schaftöffnung und zwar rechtwinklig, und werden nach oben zu, so wie der in ein Grat übergehende Lanzenschaft sich zuspitzt, erst schmäler, dann wieder in einer zierlichen Linie breiter und endigten wahrscheinlich in lilienblattförmiger Gestalt. Auch diese Form gehört schon zu den späteren, entwickelteren. Dazu kommt noch, dass die silberartige

Farbe der Bronze eine von der gewöhnlichen gänzlich abweichende Legirung bezeugt, denn diese Waffe wurde wahrscheinlich aus Spiegelmetall verfertigt, in welchem das Zinn in grösserer Menge dem Kupfer beigemischt wird, als bei der gewöhnlichen Bronze, — was ebenfalls für einen Beweis der späteren Zeit gilt.

Wir finden in diesem Funde ferner drei Bruchstücke von zwei Bronze-Schwertern, wo doch bekanntlich das Schwert für eine spätere Form gehalten wird, als der Dolch. Eine vollständig erhaltene Lanzenspitze entspricht in jedem Detail den gewöhnlichen ungarländischen Lanzen; doch den Stamm des Fundes bilden zweiundzwanzig Streitbeile, wieder von der gewöhnlichen ungarländischen Form; merkwürdig ist nur, dass nicht zwei unter ihnen derselben Gussform entstammen, alle sind von einander verschieden sowohl in Hinsicht der Grösse als der Contouren. Dieser Typus kömmt im Auslande selten vor, da aber die wenigen skandinavischen und deutschen Exemplare viel prächtiger mit verschiedenen Linienornamenten geschmückt sind, werden sie für Commandostäbe gehalten. (S. *The industrial arts of Scandinavia in the pagan times by Hans Hildebrand.* 1883. Chapman and Hall, pag. 8, Abbild. 2.) Und auch diese Form wird unter die späteren eingereiht. Bei uns sind solche Streitbeile sehr häufig, in solcher Menge aber (22 Stück) wurden sie noch nirgends gefunden, wie hier. Die Franzosen nennen diese Form entweder «casse-tête» oder »hache d'armes», Streitbeil. Zu bemerken ist auch, dass unter den zweiundzwanzig Domahidaer Streitbeilen kein einziges sich in unversehrtem Zustande befindet, alle sind fehlerhaft gegossen, und sind deshalb auch bei ihnen die Gussnähte nicht abgeschnitten oder abgeschliffen.

Die einunddreissig Bronzekuchen, welche hier gefunden wurden, beweisen nichts in Bezug auf die frühere oder spätere Zeit; zu bemerken ist aber, dass dieselben keine regelmässige Gestalt haben, und nur zwei von ihnen erinnern an jene brotlaibartige Form, welcher wir auch bei anderen Funden begegnen. An dem einen Kuchen sieht man deutlich, dass er durch das Zusammenschmelzen von Bruchstücken entstanden ist, denn ein Stück eines Celtes, das nicht vollständig geschmolzen ist, ragt auf der Oberfläche des Kuchens heraus.

Die vierunddreissig Armringe hingegen sind vollständig erhalten, der einfachste in Form eines massiven Armbandes, das gegen

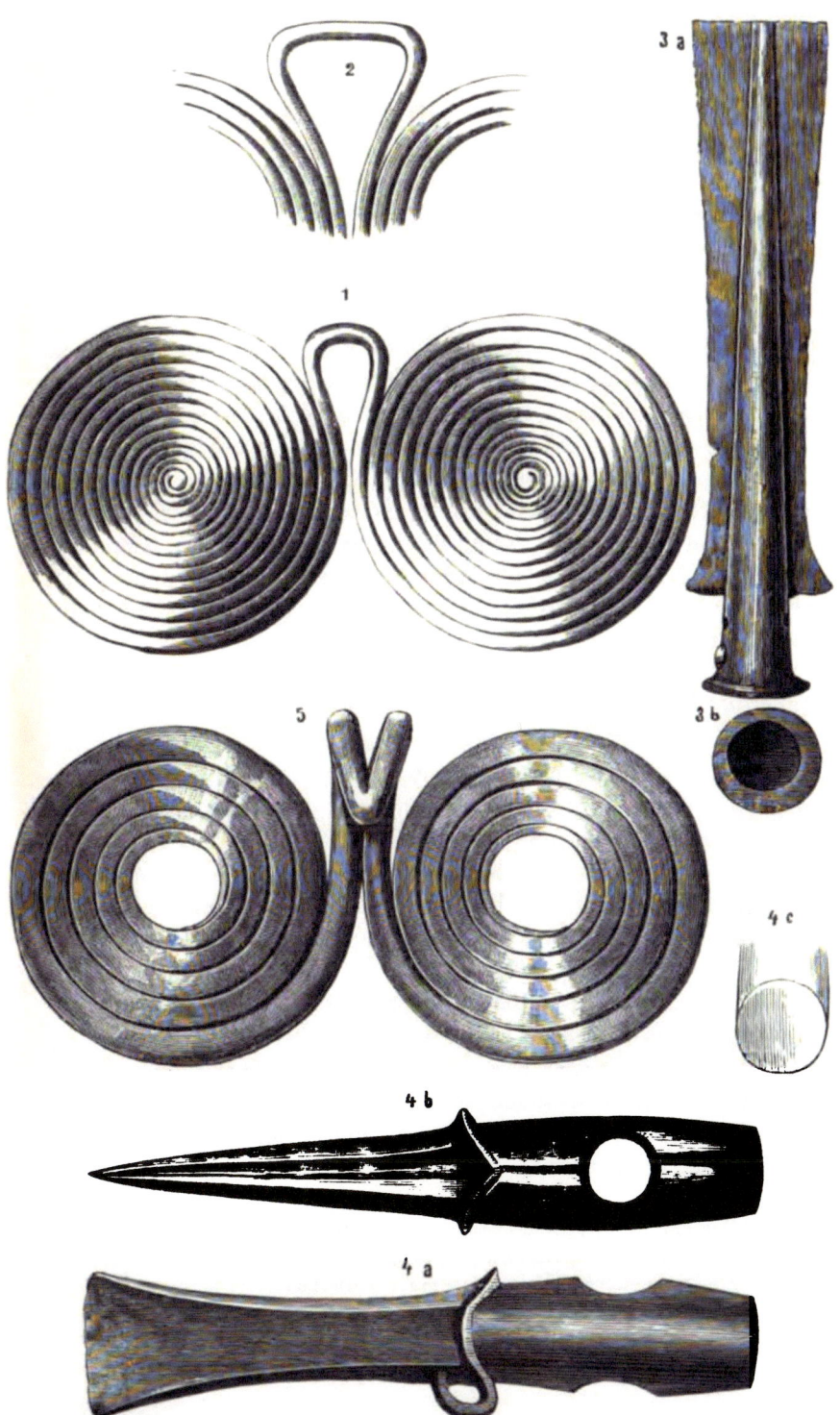

seine beiden Enden schmäler wird; blos zwei Stücke sind darunter welche mit einfachen, geraden Linien verziert sind.

Die Bruchstücke der Celte und Sicheln haben ebenfalls die einfachsten Formen; hingegen ist das Schaftloch bei zwei besser erhaltenen, aber fehlerhaft gegossenen Celten nicht rund, sondern viereckig, was bei uns nur selten vorkommt, und die Form des emporstehenden Randes des Schaftloches zeigt auch auf eine spätere Epoche der Bronzezeit. Der Fund steht also jedenfalls viel näher zu der Eisenzeit als zu der Steinzeit. Mit diesen zusammen wurde jene Doppelspirale gefunden, welche Fig. 5 (S. 31) zeigt. Ich liess dieselbe so zeichnen, wie sie ursprünglich war, denn die eine der Spiralscheiben ist in zwei Stücke gebrochen, bei der anderen wieder ist der Kupferdraht verbogen. Auffallend ist die hakenförmige Ueberbiegung des Bügels nach der einen Seite, welche zu der Vermutung berechtigt, dass diese Doppelspirale als Schmuck zum Anhängen diente. Die Zahl der Windungen ist sechs und der Durchmesser einer jeden Scheibe 9 m/m.

Einen ähnlichen Bronzeschmuck finden wir in dem Werke von Ingwald Unsedt über das erste Auftreten des Eisens in Nord-Europa,[1] Taf, XVI, Fig. 4. Der Verfasser sagt, dass dieser Gürtelhaken, der den Charakter der alten Bronzen an sich trägt, wahrscheinlich ein Hügelgrabfund ist. In der «preussischen» Sammlung wird er als ein Gräberfund aus Lopöhnen in der Provinz Ostpreussen bezeichnet. Solche Scheibenpaare, wie sie beim «Lange Wand»-Fund in Kupfer vorkamen, haben ihre Analogien in Bronze im Sachsen-Meininger Funde aus einem Hügelgrabe auf der Dörrensalzer Heide, welches 1870 aufgegraben wurde,[2] wo man vier solche Scheibenpaare fand. Aehnlich ist auch ein Scheibenpaar im Berliner k. Museum, ein hessischer Fund.[3]

Verwandte Formen zeigen ferner jene doppelten Scheibenfibeln im hannöverischen Museum, von welchen auf einmal siebenundzwanzig Exemplare gefunden wurden, und welche Unsedt den hannöverischen Typus nennt.

---

[1] Das erste Auftreten des Eisens in Nord-Europa von Dr. Ingwald Unsedt, Deutsche Ausgabe von J. Mestorf. Hamburg 1882, pag. 154.
[2] Photographisches Album der praehistorischen und anthropologischen Ausstellung in Berlin 1880, 6. Lieferung. Sachsen-Meiningen.
[3] Ebendort. Lieferung 7. Hessen, Nassau, Kassel.

In viel näherer Verwandtschaft mit unseren gebogenen Doppel-Spiralscheiben stehen jene zwei Exemplare, welche von der Kobaner Gräberstätte in Kaukasien in die Sammlung Professor Virchow's kamen, und die er in dem Atlas zu seinem Werke (auf Tafel 6, 8 und Tafel 11, Nr. 10) publicirt hat. Der gelehrte Verfasser bemerkt hiezu, dass er eine vollkommen gleiche Form anderswo nicht kenne, was auch ganz natürlich ist, denn das Domahidaer Exemplar war noch nicht publicirt. Bei dieser Gelegenheit beschäftigt er sich auch eingehend mit den brillenförmigen Doppelscheiben, welche in der Bronzezeit überall verbreitet waren, und auch in der Uebergangsepoche, oder wie man sich jetzt auszudrücken pflegt, beim ersten Erscheinen des Eisens in Europa, nicht gerade selten waren.

Trotzdem aber die Kobaner Exemplare den Unserigen in jeder Beziehung gleichen und sich von ihnen nur darin unterscheiden, dass jene Bronze und nicht Kupfer sind, so können wir doch den kaukasischen und ungarländischen Fund nicht in Verbindung bringen, da wir durchaus keine vermittelnden Glieder finden, welche den Zusammenhang dieser beiden räumlich so ungeheuer von einander entfernten Funde erklären könnten.

Wir müssen überhaupt bemerken, dass diese Doppel-Spiralplatten, die oben einen bald schmäleren, bald breiteren Bügel haben, und jene, bei welchen dieser Bügel hakenförmig gekrümmt ist, auch in Gold vorkommen, natürlich viel kleiner, manches Mal in wahrhaftiger Miniaturgestalt, die aber mit den grossen Bronze- und Kupferexemplaren zumeist übereinstimmt. Diese kleineren Goldschmucksachen ähneln auch den noch jetzt in Gebrauch stehenden, ganz einfachen, kleinen Kleiderhafteln, welche unsere Näherinnen unter dem Namen Manderl und Weiberl kennen, und deshalb halten wir es für natürlich, dass die deutschen Archäologen die unseren Exemplaren verwandte, hakenförmige Doppelpfatte von Lopöhnen «Gürtelhaken» benannten.

Es ist aber merkwürdig, dass man in den einfachen Doppel-Spiralscheiben mit Bügel nicht das sogenannte Weibchen des Hakens erkannte, ja ihrer nicht einmal als Gürtelhaken erwähnt, und sie einfach brillenförmige Spiralen nennt, ohne auch nur die geringste Erklärung über ihre Benützung zu geben. Es ist wahr, dass bisher die beiden zusammengehörigen Teile eines solchen Gewandhakens noch nie beisammen gefunden wurden, und doch kaum anzunehmen ist, dass bei der bedeutenden, in die Hunderte gehenden Anzahl von grösseren und kleineren brillenförmigen Spiralscheiben aus Gold, Bronze oder Kupfer stets das entsprechende Männchen verloren gegangen sei. Virchow berichtet in seiner schon erwähnten Monographie ausführlich über dieselben und beruft sich auf die ganze Literatur dieses Typus, erkennt aber in demselben die Weibchen nicht und erwähnt auch nicht, dass mit irgend einem derselben ein Männchen vorgekommen sei. Von solchen führt er nebst den beiden in seiner eigenen Sammlung befindlichen zwei Exemplaren nur die ostpreussischen aus Lopöhnen an, dann den sehr feinen posener Haken aus Nadziejevo, und den einfachen aus Kasnierz in Posen, bei welchem die Spiralscheiben wegblieben. Er bringt dieselben mit den einfachen Reifen in Verbindung und verwahrt sich nur dagegen, dass es Gewandhaken wären, weil die kleinen Exemplare zu diesem Zwecke nicht genug stark, und die grossen in Folge ihrer Form nicht dazu geeignet seien.

Das hakenförmige Scheibenpaar bringt er nicht in Verbindung mit den brillenförmigen Spiralscheiben, denn diese hält er einfach für Verzierungen, und erinnert an die goldenen Armbänder aus Schliemann's verbrannter Stadt auf Hissarlik, welche mit derartigen Brillen-Ornamenten verziert sind, und erwähnt mehrere solche zum Schmuck dienende Exemplare aus der Schweiz, Neapel und Como. Es entging auch nicht seiner Aufmerksamkeit, dass Lindenschmit[1] ein derartiges Stück aus Rhein-Hessen publicirte und es einen Gürtelhaken nannte, nur dass, wie Virchow bemerkt, der Mainzer Gelehrte sich darüber gar nicht äussert, wie diese Benennung zu verstehen sei.

Auch in unserem Vaterlande ist dieser Typus sowohl in Bronze als in Gold nicht selten. Aber weder bei den Goldexemplaren von Hársashegy, Szarvaszó, oder bei den zahlreichen Bronzeexemplaren, noch bei dem österreichischen «Lange Wand»-Kupferfund, welche alle den sogenannten «Weibchen» entsprechen, wurde auch nur die Spur eines «Männchen» gefunden; hingegen fehlten bei den Roszajer Gold-«Männchen» die entsprechenden «Weibchen», und doch gelangten diese Funde gleich aus erster Hand in die Sammlungen, so

---

[1] Lindenschmit, Die Altertümer unserer heidnischen Vorzeit, Band I, Lief. 3, Taf. VI, Nr. 2.

dass nicht angenommen werden kann, dass irgend einer ihrer Teile in Verlust geraten sei.

XVIII. *Der gemischte Fund von Lucska.* (S. 37). Zu derselben Zeit, als die Arbeiter Domahidy's den oben erwähnten Bronzefund und mit ihm die Kupferspiralscheibe im Szatmárer Comitate ausackerten, stiess Graf Anton Stáray in der Gemarkung des Dorfes Lucska im Unger Comitat auf ein Grabfeld aus der Steinzeit und liess dasselbe systematisch ausgraben. Es war ein Urnenfeld, wie sie im Lande an verschiedenen Orten gefunden werden, mit acht Gefässgruppen, deren Charakter, den Worten des Grafen zufolge, vollkommen gleich ist, wobei die sorgfältige systematische Zusammenstellung alles Zufällige ausschliesst.

Jede solche Gruppe bildet eine selbständige Einheit, und ward in einer Entfernung von zwei bis vier Meter von einander gefunden. In jeder solchen Gruppe waren nie weniger als vier, manchmal aber acht bis zehn Gefässe beisammen. Rings um diese Thon-Urnen, und selbst unter ihnen fand man Obsidian und Feuerstein-Splitter, Messer, Pfeilspitzen und Steinkeile, ja in zwei Fällen den rohen Feuerstein selbst, welcher den Stoff für die Splitter und Messer bildete. Es ist zu bemerken, dass solche Feuersteine, wie sie in den Kreideformationen des Auslandes häufig vorkommen, im Unger Comitat nicht gefunden werden, daher aus der Ferne eingeführt wurden. Die Gefässe sind nicht auf der Scheibe gedreht worden und gehören in die späteste und ausgebildeteste Epoche der Steinzeit. Unter den Steinkeilen, welche hier entdeckt wurden, kamen einige durchbohrte Hämmer vor (Nr. 23 und 27), mit ihnen ein Kupferkeil (Nr. 28) von der Form der Steinkeile; in einigen Gefässen glaubte der Graf Spuren geschmolzenen Metalles zu erkennen. Ein Teil dieses Fundes, die Feuerstein-Meissel und Splitter, die Steinkeile und der grosse Kupferkeil sind auf beigefügter Tafel zu sehen.

Hier ward also wirklich ein Kupferkeil mit einem Steinfunde aufgedeckt, und seine Gestalt ist jener der Steinkeile verwandt; dies dient wieder zum Beweise, dass die Kupferzeit sich unmittelbar der Steinzeit anreiht, wie dies auch Dr. Much bei dem Pfahlbau im Mondsee fand. Dies schliesst aber den Gebrauch des Kupfers in der Bronzezeit nicht aus, ebenso wie die Steinwaffen und Werkzeuge nicht nur durch die ganze Bronzezeit, sondern selbst in der Eisenzeit parallel mit den Metallwaffen und Werkzeugen in Gebrauch blieben.

Der Umstand daher, dass bei dem Domahidaer Funde Kupfer-Spiralscheiben mit späten Bronzetypen beisammen waren, entkräftet die Behauptung nicht, dass die Kupferzeit unmittelbar der Steinzeit folgt und der Bronzezeit vorangeht, denn abgesehen davon, dass die Domahidaer gebrochene und verbogene Doppel-Spiralscheibe schon damals, als sie mit fehlerhaft gegossenen Bronzegegenständen und Bruchstücken in das Thongefäss eingelegt wurde, ein Stück aus älterer Zeit sein konnte, dürfen wir nicht vergessen, dass solche Spiralscheiben jedenfalls Zier- und Schmuckgegenstände sind, bei welchen, wie bei den Hammersdorfer Armringen, auch die Farbe in Betracht kommt. Jedenfalls sind Zier- und Schmuckstücke überall spätere Typen als die Waffen und Werkzeuge, und solche Spiralscheiben gehören der jüngeren Epoche der Kupferzeit an.

In Lucska wurde der Kupferkeil in einem Grabfeld aus der Steinzeit, in Domahida dagegen ein Kupfer-Zierstück mit späten Bronzetypen gefunden. Dies bildet keinen principiellen Gegensatz; es beweist nicht mehr, als dass der Gebrauch des Kupfers mit dem Bronzealter nicht aufhörte, wobei wir bemerken, dass, wenn wir nachzuweisen bestrebt sind, die Kupferzeit fülle jene Lücke aus, welche viele Archäologen zwischen der Stein- und Bronzezeit bemerkten, wir damit durchaus nicht behaupten wollen, dass mit dem Eintritt der Bronzezeit jede weitere Verwendung des Kupfers aufgehört habe.

XIX. *Die Einteilung der Kupfergegenstände.* Die Kupfergegenstände, welche bisher bei uns vorkamen, können wir unter die folgenden Rubriken einreihen:

1. Flachmeissel und Keile.

2. Kupferbeile.

3. Zweischneidige Streithämmer, deren Schneiden gekreuzt stehen.

4. Grosse Keilhauen.

5. Aexte.

6. Messer, Dolche, Schwerter.

7. Schmuckgegenstände.

8. Andere Werkzeuge.

9. Kupfergegenstände aus späterer Zeit.

XX. *Die flachen Kupfermeissel und Keile.* — *Einleitung.* Die flachen Kupfermeissel zogen von Beginn an die Aufmerksamkeit der

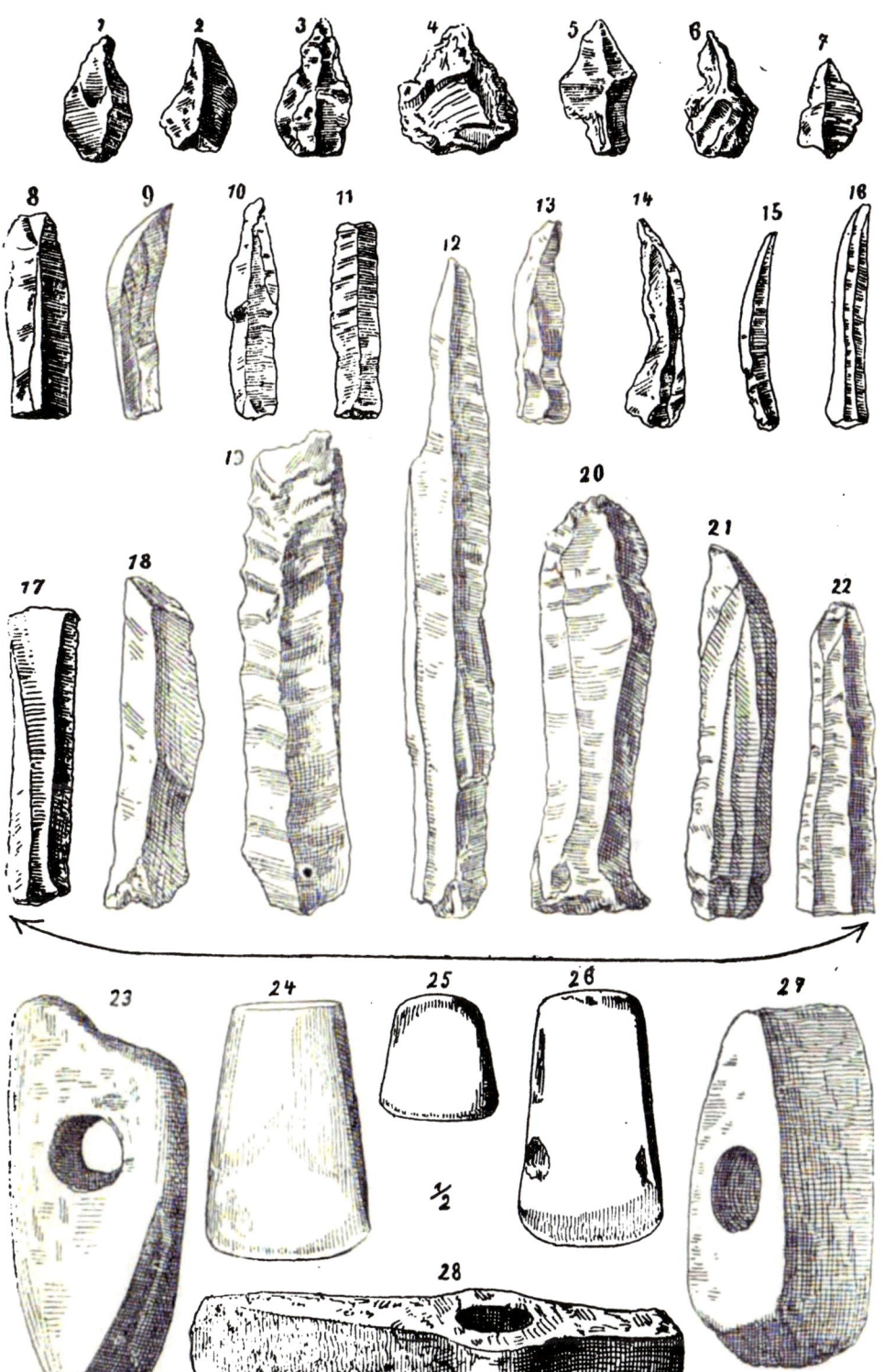

Archäologen auf sich. Evans äussert sich (pag. 39) folgendermassen: «Flache Keile oder solche, deren Formen einfach, deren Oberflächen einigermassen gewölbt sind und die sich in ihrer Form den polirten Steinmeisseln der neolithen Periode nähern, wurden von vielen Archäologen für die wahrscheinlich ältesten Bronze-Werkzeuge oder Waffen gehalten. Eine solche Ansicht ist zwar annehmbar, aber man darf dennoch zweifeln, ob in jenen ältesten Zeiten, wo das Erz selten war, dieses für solche Zwecke verwendet worden ist, für welche ein grössere Menge notwendig war, als zur Herstellung leichterer Waffen und Werkzeuge, wie z. B. Dolche und Messer. Unter den Meisseln indessen ist die einfache Form, welche in ihrem Typus sich am meisten dem Steinmeissel nähert, wahrscheinlich auch die älteste, obwohl ihre Benützung auch noch dann, als man schon die Schaftlappen, den Absatz und sogar das Schaftloch kannte, stattgefunden haben kann. Einige solcher ganz einfach geformter Meissel, welche in Irland gefunden wurden, sind aus Kupfer, und werden jener Epoche zugeschrieben, wo die Benützung des Steines zum Schneiden aufhörte und dem Gebrauch des Metalls Platz zu machen begann. Aber der blosse Umstand, dass diese Meissel aus Kupfer bestehen, ist in dieser Beziehung nicht entscheidend.

«Ein Kupfermeissel, der den gewöhnlichen Steinmeisseln vollkommen entspricht, sechs Zoll lang und anderthalb Zoll breit, der in einem etruskischen Grabe gefunden wurde und im Berliner Museum aufbewahrt wird, ist allem Anscheine nach in einer solchen Form gegossen worden, welche aus einem derartig gestalteten Steinwerkzeuge abgeformt wurde. Sir WILLIAM WILDE hat diesen Meissel beschrieben und zeichnen lassen, ich selber habe ihn weder gesehen noch kenne ich die näheren Umstände des Fundes. Es ist möglich, dass Meissel, so wie die an etruskische Goldketten befestigten Silex-Pfeilspitzen, in religiöser Verehrung standen, und mir scheint es nicht gerade sicher, dass dieses Stück je als Werkzeug benützt worden ist, und nicht etwa statt eines Steinmeissels oder Ceraunius (Donnerkeil) ins Grab gelegt wurde.

«Wie dem immer sei, bestätigen die ältesten Bronzen oder schwach zinnhältigen Kupfermeissel, welche wir kennen, besonders jene, welche General Cesnola in Cypern und Dr. Schliemann in Hissarlik ausgruben, durch ihre einfache flache Gestalt die Ansicht Sir W. Wilde's, dass die Verfertiger dieser Werkzeuge, als sie sich ein besseres Material anschafften wie den Stein, jene Formen nachmachten, an welche sie am meisten gewöhnt waren, obzwar sie dabei mit dem Metalle sparten und den Inhalt dadurch verringerten, dass sie die Seiten abplatteten.»

Evans selber erkennt also auch den Zusammenhang der flachen Paalstäbe mit den Steinmeisseln an; indem er aber den grossen Kupferfund von Gungeria ebenfalls mit denselben identificirt, achtet er nicht auf den Umstand, dass wir auch unter den Flachmeisseln zwei von einander abweichende Gattungen unterscheiden können. Die eine Gattung, welche wir Keil nennen, stimmt vollkommen mit den Steinmeisseln überein und ist diesen auch durch ihre Dicke ähnlich; ihre Form ist weniger regelmässig, sie wirkt in Gebrauch nicht blos durch ihre Schneide, sondern auch durch ihr Gewicht. Es ist natürlich, dass wir bei dieser Classe von Flachmeisseln durchaus keine Ornamentation finden, wobei zu bemerken ist, dass solche Keile aus eigentlicher Bronze nirgendwo gefunden wurden; in jenen, welche Schliemann in Hissarlik ausgrub und für Kupfer hielt, zeigten sich zwar einige Percent Zinn, aber aus eigentlicher regelrechter Bronze, bei welcher das Kupfer mit einem Zehntel Zinn gemengt ist, kamen solche Werkzeuge bisher nicht vor.

Ganz abweichend von den Keilen, welche mit den Steinmeisseln enge zusammenhängen, sind jene Flachmeissel, welche viel dünner, in ihrer Form regelmässiger, in ihrer ganzen Ausdehnung von gleicher Dicke, den Steinmeisseln weniger ähnlich sind. Ihre Verfertiger beachteten schon viel mehr die Schneide als das Gewicht, sie sind daher sicher jünger als die vorher erwähnten dicken Kupferkeile, und reihen sich den langen Flachmeisseln von Gungeria an. Zu diesen dünnen, regelmässig geformten Flachmeisseln finden wir in der Bronzezeit überhaupt keine Analogie. Auch dieser Typus entbehrt jeder Ornamentation, bei einigen Exemplaren indessen hebt sich die in Kreissegmentform gebildete Schneide mit künstlerischer Regelmässigkeit von dem breiten Körper des Meissels ab und deutet auf eine entwickeltere Technik und auf Kunstgeschmack. Zu bemerken ist aber, dass auch unter den flachen Steinmeisseln ähnliche Formen vorkommen, wo die Schneide ein regelmässiges Kreissegment bildet. Es kommen unter diesen Meisseln auch solche vor, bei welchen die Seitenränder so scharf sind, dass dies nur dem Schmieden, nicht aber dem Gusse zugeschrieben werden kann; bei einigen erscheint schon

der Beginn eines sich erhebenden Randes, andere erhöhen sich in
der Mitte der Länge nach; in ihrer Gestalt zeigen sie indessen keine
Verwandtschaft mit den Bronzetypen.

Bisher wurde nur ein einziger Kupfercelt gefunden, doch die
Form desselben gleicht blos einem irländischen Exemplar, welches
Wilde auf Seite 38 Nr. 275 und Evans auf Seite 142 Nr. 178 seines
Werkes bekannt macht. Das Kupferexemplar unseres Museums ist
aber zweimal so gross als jenes. Nach Wilde und Evans gehört diese
Form unter die seltenen, und sie kennen blos vier solcher Stücke.

XXI. *Flachmeissel.* Im ungarischen National-Museum befanden
sich Ende September 1883 insgesammt fünfzig Flachmeissel. Auf
der folgenden Tafel (S. 41) sehen wir einige Formen der Keile, welche
mit den steinzeitigen Formen identisch sind, besonders Fig. 1, 2 und
3, deren Oberfläche auch für die durch Oxydation verursachte teilweise Aufzehrung der Epidermis des Kupfers charakteristisch ist, so
wie Nr. 4, 5 und 6 Spuren des Hammers zeigen.

1. Kupferkeil, kam 1880 ins Museum. Die Oberfläche ist 1 $^m/_m$
tief, grösstenteils durch Oxydation aufgezehrt, so dass die an der
einen Seite zurückgebliebene, erhöhte und beinahe gerade Linie für
eine Gussnaht angesehen werden könnte, wenn nicht unmittelbar
daneben eine ähnliche unregelmässige Linie gegen diese Voraussetzung sprechen würde; auf der anderen Seite, welche in der Zeichnung sichtbar ist, sieht man die Spuren der Oxydation ganz klar.
Die Gestalt entspricht den Meisseln aus der Steinzeit. Aus der Sammlung Schiffner, der als Beamter der österreichischen Nationalbank
Jahre lang mit dem Landvolk in Berührung kam und von diesem
Altertümer kaufte, die Fundorte aber nicht aufzeichnete. Länge
0·075, Gewicht 98 Gramm.

2. Kupferkeil, welchen Franz Szontágh in Lapujtő fand und
dem Museum schenkte. Diese Ortschaft liegt im Comitate Neográd im
Ipolytale, das in der Urzeit zu den stark bevölkerten Gegenden gehörte. In der Nachbarschaft liegt Dolány, ein bronzezeitlicher Fundort, Szécsény, ebenfalls mit Funden aus der Bronzezeit und Urnengrabfeld, die Puszta Drahi mit einem Urnengrabfeld, Szirák, ein
Bronzefundort, Piliny, welches durch die reichen Funde des Baron
Eugen Nyáry bekannt wurde, und Terenye mit der Hársashegyer
Bronze-Niederlassung. — Ach an diesem Kupferkeil ist die Oberfläche
aufgezehrt; der Bruch an der Seite der Schneide bezeugt langen Ge-

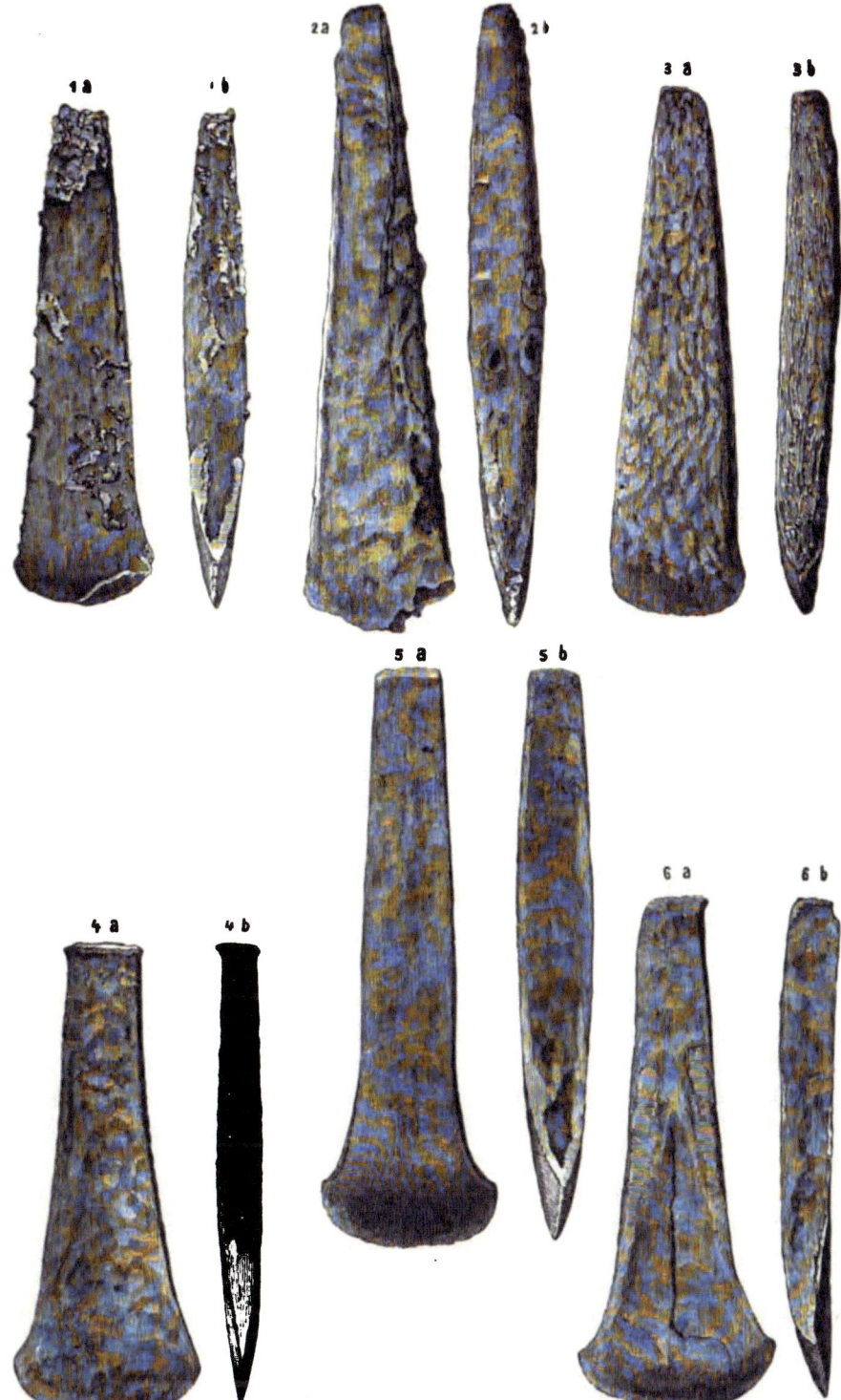

brauch. Die Form, welche ihre Analogie und Vorbild in den Steinkeilen findet, ist ganz einfach. Länge 0.17, Gewicht 571 Gramm.

3. In den fünfziger Jahren war Herr Plank Apotheker auf dem Lande, von wo er später nach Budapest zog, aber fortwährend in Verbindung mit dem Landvolke blieb, wodurch ihm die Gelegenheit geboten wurde, sich eine wertvolle Sammlung von Altertümern anzuschaffen, deren præhistorischer Teil in die Sammlung Georg Rath's und von dort im Jahre 1874 ins Museum gelangte. Zu diesen Altertümern gehört der unter Fig. 3 gezeichnete Kupferkeil, in Kápolna im Comitate Heves in der Nachbarschaft des Mátragebirges gefunden. Seine Oberfläche ist ebenfalls durch Oxydation aufgezehrt, seine Gestalt steinzeitlich. Die Analyse ergab, dass er in seiner Zusammensetzung vollkommen mit dem in der Bergkette der Mátra vorkommenden gediegenen Kupfer übereinstimmt. Länge 0·145, Gewicht 436 Gramm.

4. Kupferkeil, gleichfalls aus der Sammlung Georg Rath's. Er ist von einfacher Form, am oberen Teile sieht man, dass er ohne Schaft in Gebrauch war, denn die Hammerschläge haben seinen Kopf gebogen. Länge 0·013, Gewicht 321 Gramm. Die Oxydation, welche an diesen vier Exemplaren wahrnehmbar ist, und welche die Oberfläche zerstört hat, hielt Mortillet an dem Pariser Exemplare für fehlerhaften Guss, was bei solchen, die blos ein einziges Exemplar in Händen hatten, leicht erklärlich ist.

5. In viel besserem Zustande befindet sich der Kupferkeil, welchen wir unter Nr. 5 publiciren. Man sieht, dass er seine gewählte Form nicht dem Gusse, sondern dem Schmieden verdankt, was besonders an dem unteren Teile der Schmalseite erkennbar, wo bei der Herstellung der Schneide der Breitseite durch Hämmern ein regelmässig vorstehender Rand entstand. Länge 0·112, Gewicht 296 Gramm. Wurde in Békásmegyer im Comitate Pest gefunden, woher Feldarbeiter oft Kupferwerkzeuge, die sie beim Ackern finden, auf den Pester Platz bringen. Kam 1876 durch einen Antiquitätenhändler ins Museum.

6. Der Universitätsprofessor Franz Kiss begann in den dreissiger Jahren Altertümer zu sammeln, und brachte während zwanzig Jahren eine wertvolle Sammlung præhistorischer, römischer und mittelalterlicher Gegenstände zusammen, welche später durch das Museum angekauft wurde. Die Sammler kümmerten sich damals noch

wenig um den Fundort; blos der Gegenstand, nicht die Umstände, unter welchen er gefunden wurde, interessirte sie, und so wissen wir auch bei diesem Kupferkeil nicht, wo er gefunden wurde. Spuren der Hammerschläge sind bei diesem an allen Seiten sichtbar, das Schmieden ist nicht zu verkennen. Der Kopf ist etwas weniges verbogen. Man sieht, dass er ohne Schaft benützt wurde, und mit dem Hammer geschlagen ist. Auch der Riss, der am unteren Flachteile dieses Kupferkeiles wahrnehmbar ist, kann nicht durch Guss, sondern blos durch Schmieden entstanden sein. Dieses widerlegt die weiter oben angeführte Meinung Wilde's, als ob der bei Flachmeisseln häufig vorkommende Fall, dass die eine Seite flach und die andere ein wenig gewölbt ist, auf einen solchen Guss deuten würde, der in einer einseitigen Halbform gemacht wurde, und oben nicht gedeckt war. Länge 0·133, Gewicht 391 Gramm.

Auf der folgenden Tafel (S. 44) herrscht auch die Form der Steinkeile vor, ohne jede Ornamentirung, dick, selbst oben am Kopfe. Bei einigen Stücken sieht man gerade dort die Spur des Hammerschlages, woraus erhellt, dass sie als Keil (coin) benützt wurden, und nicht als Beil (hache) in einem Schafte. In Folge des Schmiedens entstand bei der Schneide ein emporstehender Rand an der Schmalseite einiger Exemplare, und diese beginnen darin von den Steinformen abzuweichen.

1. Kupferkeil, oben schmal, an der kreissegmentförmigen Schneide breiter, gefunden in Visegrád. Die Schärfe der Ränder und der Umstand, dass das Kupfer gegen die Schneide zu über die Contour hinausgestossen wurde, dient zum Beweise, dass dieser Meissel durch Schmieden verfertigt wurde, und zwar so, dass er, im Grossen und Ganzen schon fertig, noch auf den beiden Flachseiten einige Hammerschläge erhielt. Länge 0·055, Gewicht 59 Gramm.

2. Kupferkeil, ähnlich dem vorhergehenden; die ganze glatte Schneide bildet ein regelmässiges Kreissegment. Hammerspuren sind darauf sichtbar. Aus der Sammlung Franz Kiss im Museum. Länge 0.62, Gewicht 725 Gramm.

3. Breiter Kupferkeil, dessen Form vollkommen identisch ist mit jener eines Steinmeissels, als ob ein solcher zur Gussform gedient hätte. Mehrere vertiefte Stellen an der flacheren Seite deuten hier eher auf Guss als auf Schmieden. Fundort unbekannt. Länge 0·055, Gewicht 170 Gramm.

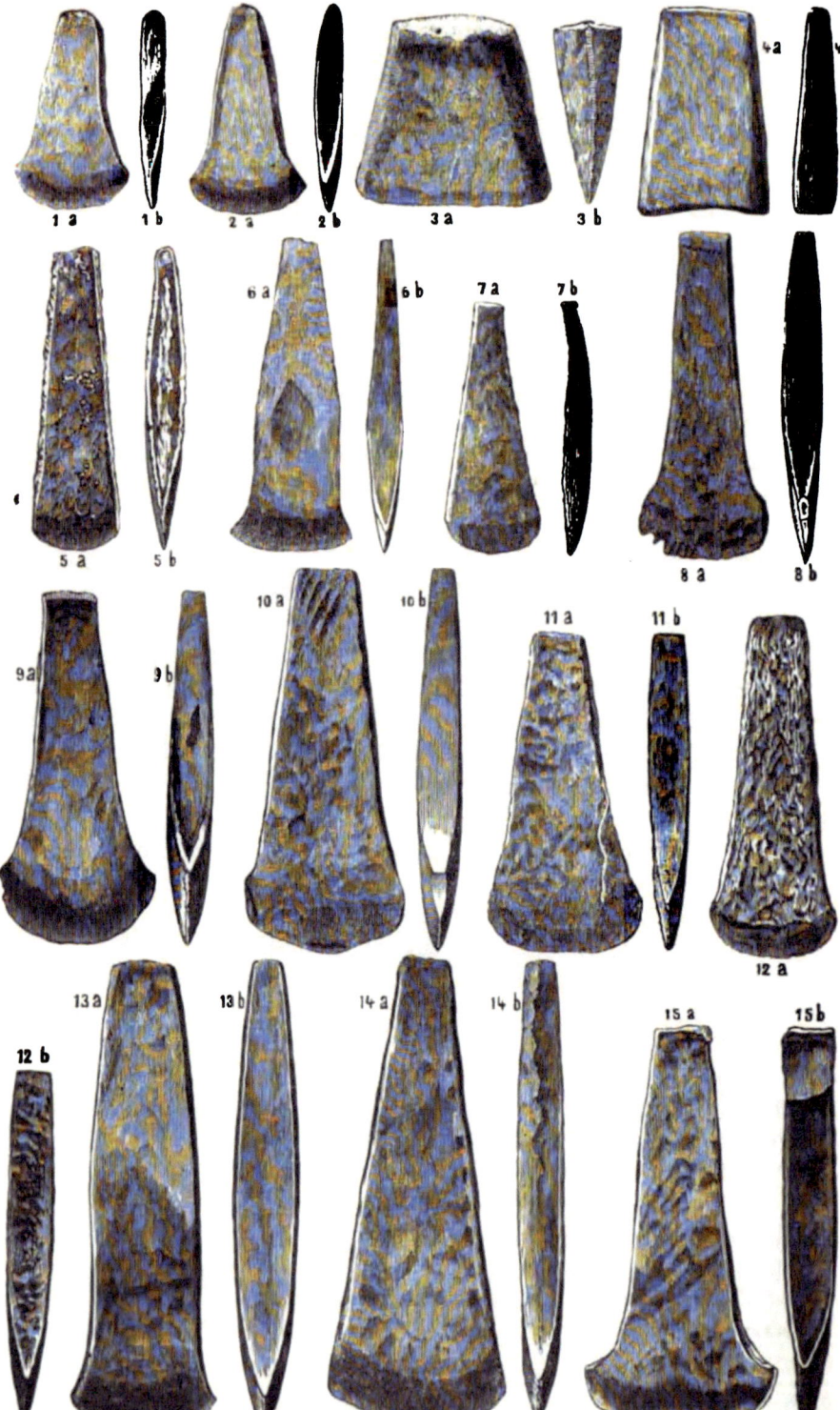

4. Es fällt schwer, diesem Werkzeuge einen Namen zu geben. Es ist einem breiten dünnen Flachmeissel ähnlich, nur dass es unten ebenso stumpf ist wie oben, vielleicht ein Hammer. Auch dieses Stück scheint auf den ersten Blick eher gegossen als geschmiedet, doch sind oben Spuren von Hammerschlägen sichtbar. Fundort Miskolcz. Länge 0·058, Gewicht 170·5 Gramm.

5. Langer dünner Flachmeissel, dessen Oberfläche durch Oxydation grösstenteils zerstört ist. Aus der Sammlung des Bankbeamten Schiffner. Länge 0·09, Gewicht 173 Gramm.

6. An diesem langen dünnen Flachmeissel sind die Zeichen des Schmiedens auffallend, und die Spuren des Hämmerns nicht zu verkennen. Die Form ist regelmässiger und die Seitenkanten schärfer als bei gegossenen Bronzemeisseln. Fundort unbekannt. Länge 0·01, Gewicht 114 Gram.

7. Langer dünner Meissel, bei welchem ebenfalls das Schmieden erkennbar. Beim Gebrauch ist er verbogen worden, der Kopf durch Schläge breitgetrieben, daher er in keinem Stiele steckte. Gefunden 1861 in der Gegend von Komorn. Länge 0.085, Gewicht 97 Gramm.

8. An diesem langen Flachmeissel sehen wir wieder die Zeichen des Schmiedens; die Spuren der Hammerschläge am Kopfe zeigen, dass er in Gebrauch war, die Schneide ist schartig geworden, Fundort unbekannt. Länge 0·09. Gewicht 161 Gramm.

9. Schmaler, langer dünner Flachmeissel, Form regelmässig, Schneide halbkreisförmig. Die Schmalseite ist gegen die Schneide zu ausgeschweift, wie es auch die Zeichnung der Seitenansicht zeigt, ein Beweis, dass auch dieses Werkzeug geschmiedet worden ist. Fundort unbekannt; dieser Meissel kam durch einen Antiquitätenhändler ins Museum. Länge 0·098, Gewicht 203 Gramm.

10. Langer, schmaler Flachmeissel, die Schneide weniger regelmässig als beim vorhergehenden, sie zeigt an beiden Schmalseiten die Spur eines Hammerschlages. Die flachere Seite bezeugt den Guss, während die Erhöhungen in der Gegend des Kopfes zeigen, dass er nach dem Gusse geschmiedet wurde. Fundort Neutra. Länge 0·11, Gewicht 314 Gr.

11. Langer, oben schmaler Flachmeissel, dessen Oberfläche die Oxydation stark angegriffen, aber dennoch die Spuren des Hämmerns nicht gänzlich verwischt hat, welche bei genauer Unter-

suchung zu erkennen sind. Aus der Sammlung Schiffner. Länge 0·09, Gewicht 216 Gr.

12. Langer, oben schmaler Flachmeissel, steinzeitliche Form, die Oberfläche angegriffen, die Schneide halbkreisförmig. Ebenfalls aus der Sammlung Schiffner. Länge 0·105, Gewicht 298 Gr.

13. Langer, dicker Flachmeissel; die regelmässige Form verdankt er dem Schmieden, denn beim Gusse wäre kein Grund vorhanden gewesen, ihn dort, wo er am dicksten ist, auch breiter zu machen; die Schneide regelmässig, bogenförmig. Fundort unbekannt. Länge 0·130, Gewicht 486·5 Gr.

14. Langer Flachmeissel, an dessen Schneide wir nicht blos Spuren des Hämmerns, sondern auch des Polirens sehen. Man sieht, dass sein Kopf unmittelbar Hammerschlägen ausgesetzt war, wodurch er flach geworden ist; der Meissel hatte also keinen Stiel. Fundort unbekannt; aus der Sammlung Georg Ráth's. Länge 0·129, Gewicht 341·5 Gr.

15. Langer, schmaler Flachmeissel, mit bogenförmiger Schneide, bei deren Anfang das durch Hammerschläge hinausgedrückte Kupfer an beiden Schmalseiten regelmässige Vertiefungen bildet. Unter dem Kopfe die Spur eines gewaltigen Hammerschlages, der aber auch später geführt werden konnte. Fundort Békásmegyer, woher 1876, 1882 und 1883 zu wiederholten Malen Kupfergegenstände ins National-Museum gebracht wurden. Länge 0·11, Gewicht 296 Gr.

XXII. *Uebergang der Flachmeissel zum Paalstab.* Die Kupferkeile ahmen ursprünglich die Steinformen nach, aber wenn einerseits die Kupfermeissel in gleicher Grösse schwerer wiegen als die Steinmeissel und in Folge dessen zum Gebrauche geeigneter waren als die Steinwerkzeuge, so wurden sie doch wieder andererseits leicht verbogen, was dem urzeitlichen Arbeiter Unannehmlichkeiten verursacht haben mag; diesen wollte er dadurch abhelfen, dass er sich bestrebte, den Körper des Meissels gegen die Mitte zu dicker und stärker zu machen. So entstanden neue Formen, welche von den Steinformen abweichen, besonders die Meissel mit dem emporstehenden Rande, deren Entwickelung wir hier sehen können. Bei einigen der auf der Tafel S. 47 gezeichneten Meissel ist die Schmiedearbeit sehr sorgfältig, die Oberfläche glatt, die Kanten regelmässig, und die Form der kreissegmentförmigen Schneide gewählt, was hauptsächlich bei den unter Nr. 1, 5 und 12 auffällt. Bei einigen, besonders bei

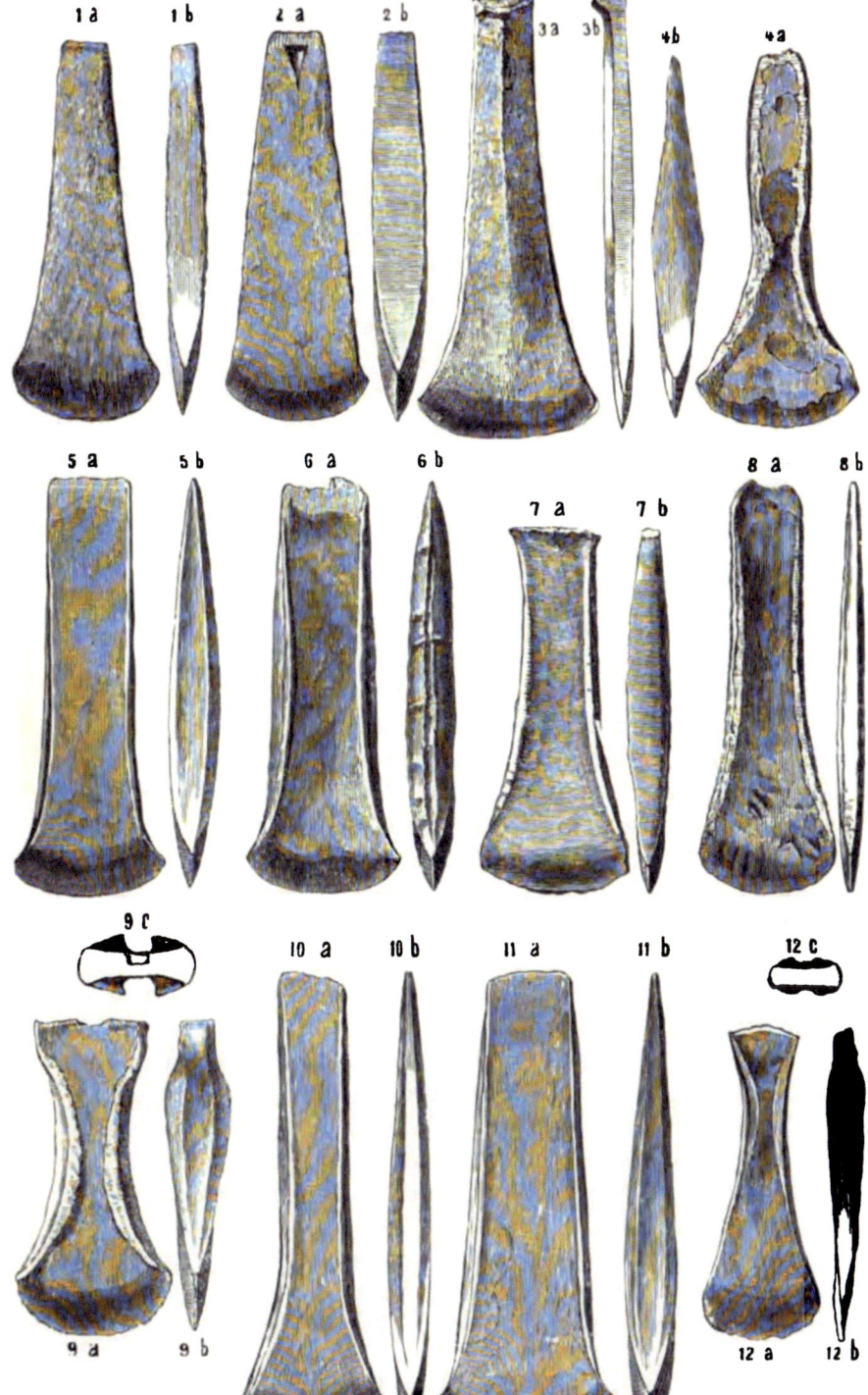

Nr. 1, 2, 3, 7, 9 und 12, ward ursprünglich der Kopf des Meissels nur wenig schmäler und bildet oben eine Fläche, die bei einigen Stücken, besonders bei Nr. 1, 2, 3 und 7, die Zeichen des Hammerschlages trägt. Die Schläge waren manchesmal so kräftig, dass sie den Kopf des Meissels breit drückten, was zum Beweise dient, dass er ohne Stiel benützt wurde, während wieder. bei Nr. 4, 5, 6, 8, 10 und 11 der obere Teil dünn ist, die also wahrscheinlich, so wie die Steinmeissel, an einen Stiel befestigt waren.

1. Sorgsam geschmiedeter Meissel, Oberfläche glatt, aus der Sammlung Franz Kiss, auf der einen Seite flacher als auf der anderen. Länge 0·11, Gewicht 211 Gr.

2. Die Form dieses Meissels ist einfach und gleicht in Allem den Steinformen. Die regelmässige Vertiefung in der Nähe des Kopfes scheint nicht beabsichtigt, sondern ist wahrscheinlich beim Gusse entstanden, und konnte durch das Schmieden nicht ausgeglichen werden, ohne dass dadurch der Kopf geschwächt worden wäre. Länge 0·10, Gewicht 315 Gr.

3. Dieser Meissel weicht von den steinzeitlichen Formen darin ab, dass in der Mitte eine ziemlich starke Rippe der Länge nach läuft, die ihm grössere Festigkeit verleiht, um durch die Schläge nicht verbogen zu werden. Für den Gebrauch dieses Stückes spricht der hinausgebogene Kopf, der auf häufige und starke Hammerschläge deutet. Länge 0·11 Gewicht 179 Gr.

4. Schlechter erhaltener Meissel. Die dunkle Patina ist seitlich abgewetzt und lichter. Dem wollte der Zeichner Ausdruck geben, was zu dem Irrtume Anlass geben könnte, als ob wir an diesem Stücke schon einen ausgebildeten Rand vor uns hätten. Der Meissel wird gegen die Mitte zu bedeutend dicker, der obere Teil ist in einen Schaft passend. Länge 0·90 Gewicht 129 Gr.

5. Meissel mit erhabenem Rand sehr sorgfältig gearbeitet. Dieses Exemplar repräsentirt sehr gut den Ursprung des erhöhten Randes. Das sorgfältige Schmieden der Schmalseite drückte nämlich das Metall an beiden Kanten der Breitseite hinaus und bildete so den Rand, welcher den Meissel gegen Verbiegung einigermassen sicherte. Länge 0·11, Gewicht 208 Gr.

6. Dieser schöne Meissel ist in Turcz im Comitate Ugocsa gefunden. Der erhöhte Rand ist bei diesem Exemplare noch stärker entwickelt als bei dem vorigen. Länge 0·11, Gewicht 250 Gr.

7. Auch an diesem Stücke ist der Rand entwickelt, aber der breit geschlagene Kopf zeigt deutlich, dass er nicht an einen Stiel befestigt war. Länge 0·09, Gewicht 169·2 Gr.

8. Meissel mit entwickeltem Rande; der obere Teil zeigt schon jenen charakteristischen halbmondförmigen Einschnitt, den wir bei Bronzemeisseln so häufig finden. Länge 0·11, Gewicht 123 Gr.

9. Bei diesem Kupfermeissel ist der Rand schon vollständig zum Flügel geworden und erinnert an die Bronze-Paalstäbe. Länge 0·08, Gewicht 165 gf.

10. Ein im Comitate Pressburg gefundener Kupfermeissel, bei welchem ebenfalls ersichtlich, dass der Rand durch das Schmieden der Schmalseiten und nicht durch Guss entstand. Länge 0·12, Gewicht 191·5 Gr.

11. Unter allen bisher mitgeteilten Kupfermeisseln ist dieser durch seine Contour, die Regelmässigkeit des erhöhten Randes und die Reinheit der Schmiedearbeit der schönste. Der Fundort ist so wie bei den meisten auf dieser Tafel mitgeteilten Meisseln unbekannt. Er kam durch einen Antiquitätenhändler ins Museum. Länge 0·12, Gewicht 300 Gr.

12. Durch das Schmieden der Seiten entstanden flügelartige Lappen, und da dieses nicht in der Mitte, sondern näher zum Kopfe zu geschah, dort, wo der Meissel dicker wird, sehen wir hier auch den Keim des Meissels mit Absatz. Länge 0·08, Gewicht 60 Gr.

Im ungarischen National-Museum befanden sich Ende September 1883 insgesammt 12 Kupfermeissel mit erhöhtem Rand.

XXIII. *Flache, viereckige, dünne Meissel.* (S. 50) 1. Dünner Flachmeissel, der in Folge von Hammerschlägen am Kopfe breiter geworden und in der Mitte verbogen ist. Länge 0·09, Gewicht 97 Gr. Gefunden in der Gegend von Komorn.

2. Bei diesem Werkzeug verstärkt eine mittlere hervorragende Rippe den Körper, damit er beim Gebrauche nicht verbogen werde. Es ist keine Spur geblieben, welche zeigen würde, auf welche Weise dieser Meissel gebraucht werden konnte, dessen oberer Teil absichtlich derart gebogen ist, dass er ein Oehr bildet. Länge 0·11, Gewicht 110.5 Gr.

3. Dieser durch Oxydation an der Oberfläche angegriffene Meissel zeigt ganz die Steinform. Länge 0·12, Gewicht 110·5 Gr.

Nun folgen solche Formen, welche von den Steinformen da-

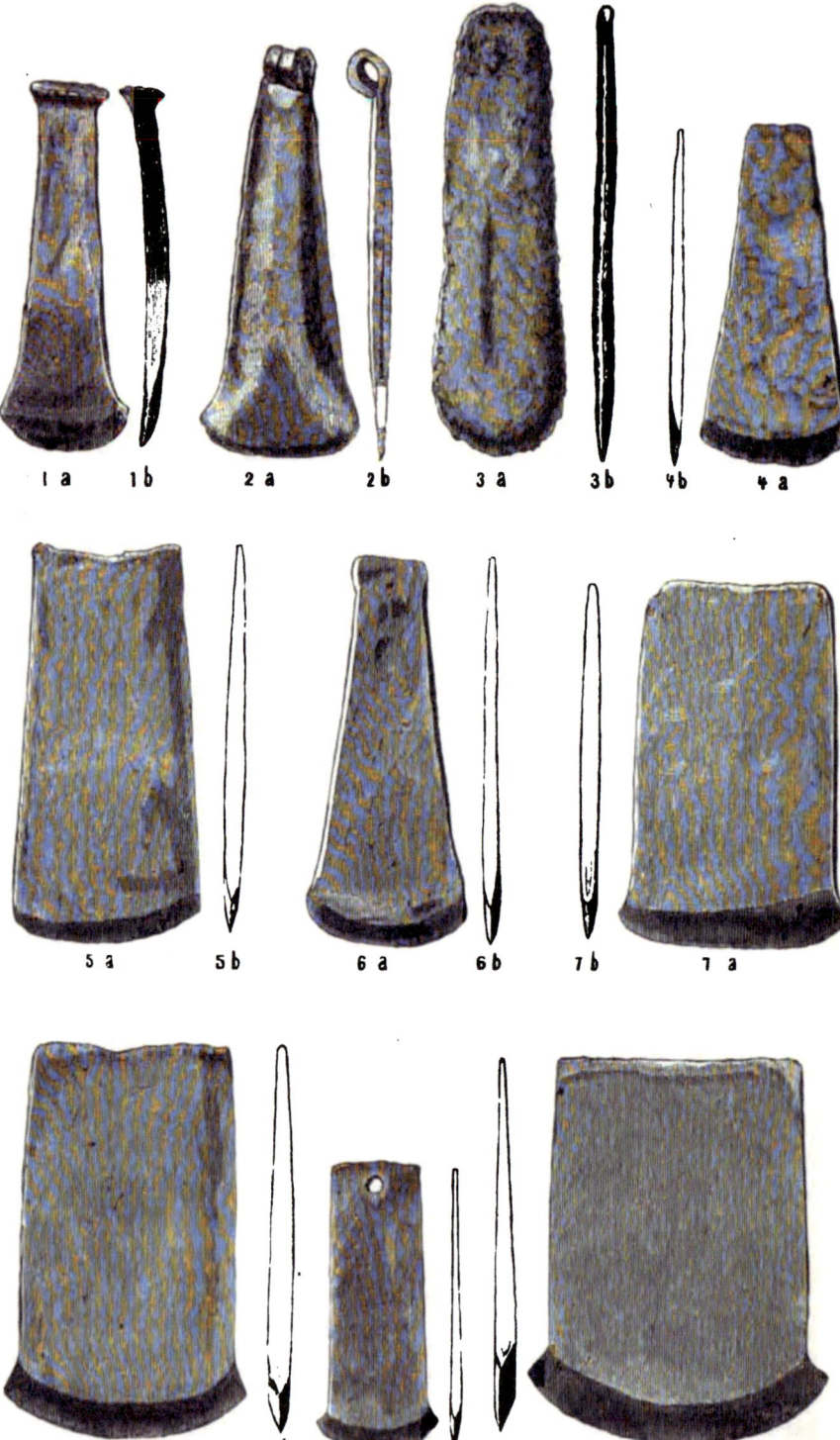

durch viel stärker abweichen, dass sie bedeutend und gleichmässig dünn, und ihre beiden Längenseiten vollkommen gerade sind. Einige nähern sich der Form des Parallelogramms. Charakteristisch ist ihre Polirung und der sorgsame Schliff der Schneide ; bei einigen Stücken ist die eine Seite nicht polirt, bei anderen wieder erscheinen beide Seiten sorgsam geschliffen. Es ist schwer zu bestimmen, auf welche Art man diese dünnen breiten Meissel mit kreissegmentförmiger Schneide, die unseren Hobeleisen ähneln, benützen konnte. Die Kupferinstrumente, die in Gungeria in Ostindien gefunden worden, sind durch ihre Flachheit und Dünne diesen Formen verwandt, nur dass sie bedeutend grösser sind. Auch unter den Steinwerkzeugen kommen manchmal ähnliche breite, viereckige Flachmeissel mit halbkreisförmigem Abschnitte vor, von denen die Kupfermeissel nur durch ihre grössere Dünne und Regelmässigkeit abweichen.

4. Dünner Flachmeissel, mit scharfen Kanten, verbreitert sich gegen die kreissegmentförmig geschliffene Schneide zu. Länge 0·088, Gewicht 82 Gr. Aus der Sammlung Franz Kiss.

5. Dünner Meissel in einfacher, länglicher, viereckiger Form. Länge 0·10, Gewicht 226 Gr.

6. An diesem Meissel sieht man oben Hammerschläge. Länge 0·010, Gewicht 101 Gr. Aus der Sammlung Franz Kiss.

7. Dieser lange, ein Parellelogramm bildende dünne Meissel wurde in Ete gefunden (Comitat Komorn). Das sorgsame Schmieden der Schneide hat das Metall über die Contour des Vierecks hinausgedrückt. Länge 0·107, Gewicht 388 Gr.

8. Regelmässig geformter, langer, viereckiger, dünner Flachmeissel, bei welchem die Schneide regelmässig gehämmert und polirt worden ist. Länge 0·10, Gewicht 382 g/.

9. Mit der Sammlung Franz Kiss kam dieser ganz besonders dünne, regelmässige Kupfermeissel ins National-Museum. Es ist schwer zu bestimmen, ob das am oberen Teile befindliche regelmässige Bohrloch aus alter oder neuerer Zeit stammt. Länge 0·077, Gewicht 49 Gr.

10. Vollkommen regelmässig geformter, dünner Flachmeissel mit kreissegmentförmiger Schneide, welche an den geraden Breitseiten regelmässig vorspringt, an der Oberfläche sorgsam polirt. Länge 0·102, Gewicht 240 Gr.

XXIV. *Länglich viereckige, dünne Flachmeissel.* (S. 53). Wir fahren in der Publicirung der länglichen viereckigen Flachmeissel fort, welche einen charakteristischen Typus der Kupferwerkzeuge repräsentiren, da sie in Bronze überhaupt keine Analogien finden. Ihre Form genügt, um sie gleich als Kupfer erkennen zu lassen, während die sorgsamer gehämmerten Exemplare der Kupfermeissel mit dem Rande einem Paalstabtypus der Bronzezeit ähnlich sind.

1. Länglich viereckiger dünner Flachmeissel mit hervorspringender, kreissegmentförmiger, regelmässiger Schneide; die untere Seite vollkommen flach, die Schneide ist nur an der oberen Breitseite scharf zugehämmert und polirt. Aus der Sammlung Georg Rath's. Länge 0·11, Gewicht 388 Gr.

2. Dieser Meissel unterscheidet sich von dem vorigen nur durch seine geringere Breite. Auch bei diesem ist die Schneide nur durch das Schmieden und Poliren der einen Breitseite gefertigt, und sind an ihr die Spuren des Hämmerns noch sichtbar. Länge 0·108, Gewicht 263·75 Gr.

4. Dünner Flachmeissel, der sich durch seine Regelmässigkeit und sorgsame Hämmerung auszeichnet, ein besonders schöner Repräsentant dieses Typus. Länge 0·1, Gewicht 407 Gr.

4. Kleinerer Flachmeissel aus der Sammlung Georg Rath's im Museum; verhältnissmässig dicker als die vorhergehenden und mehr den steinzeitlichen Formen verwandt. Länge 0·071, Gewicht 138 Gr.

5. Dieses Stück ist unter den Flachmeisseln des Museums bisher das schwerste und beinahe das grösste. Die ähnlich gestalteten indischen Flachmeissel sind aber noch viel grösser und dicker als dieser. Er unterscheidet sich von dem Typus der vorigen nur darin, dass die Schneide nicht an beiden Seiten hervorragt, sondern so wie bei den Steinwerkzeugen einfach geschliffen ist. Länge 0·147, Gewicht 850Gr.

6. Dieses Exemplar ist noch etwas länger als das vorhergehende, an der Oberfläche sind die Spuren des Schmiedehämmerns sichtbar. Die untere Seite ist ganz flach und etwas rauh, die obere Seite sorgfältig geschmiedet. Länge 0·15, Gewicht 620 Gr.

Ende September 1883 zählte das ungarische National-Museum insgesammt 23 länglich viereckige Kupfermeissel.

XXV. *Das Bohrloch.* Der Flachmeissel, den die skandinavischen Altertumsforscher mit dem Namen Paalstab bezeichnen, ist unserer Ansicht nach nicht die älteste Form des Kupfermeissels; es ging ihm das schwere durchbohrte Beil voraus oder war wenigstens gleichzeitig

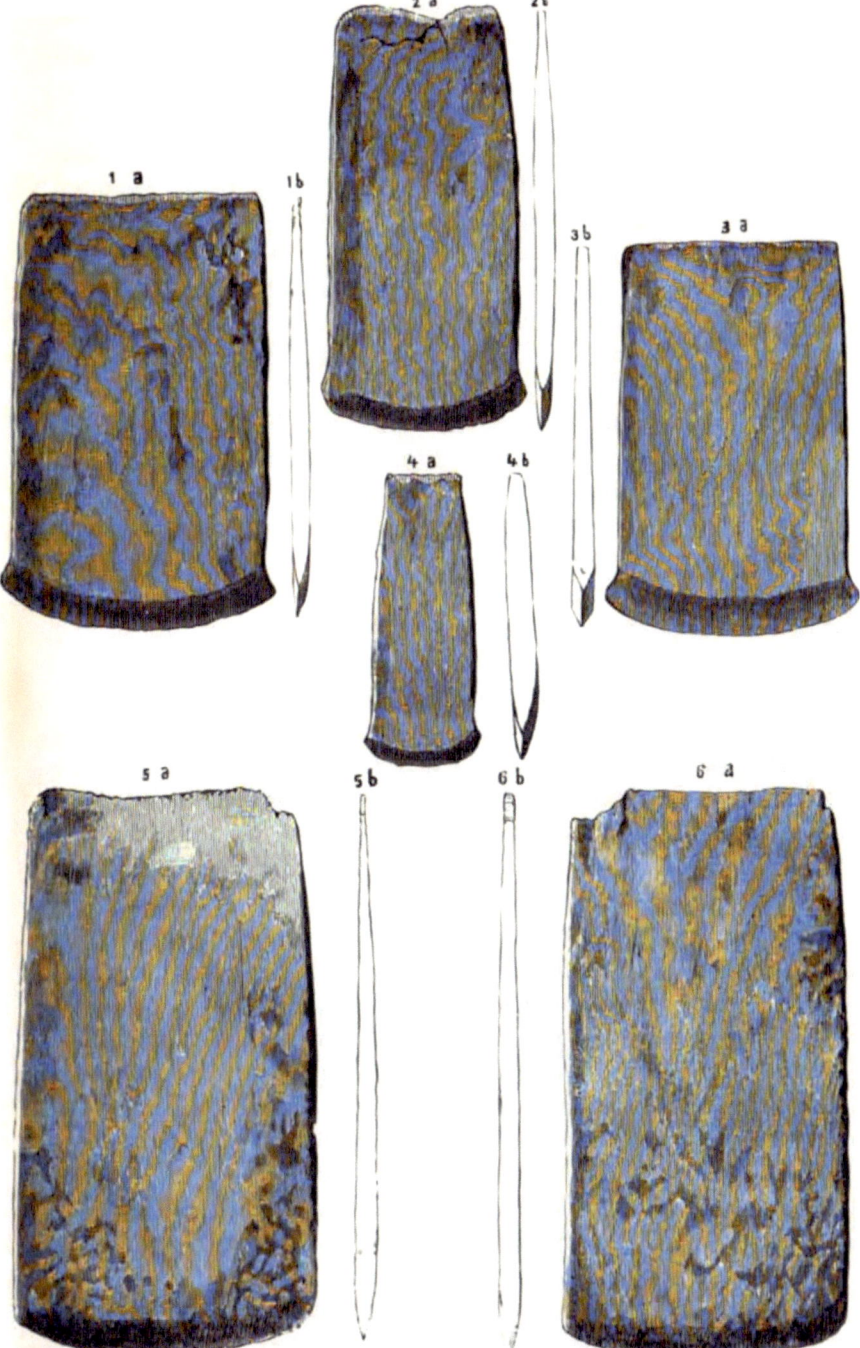

mit ihm. Es ist in seiner Form ohne irgend eine Veränderung ein Ebenbild des durchbohrten steinzeitlichen Beiles. Bei den Werkzeugen der Steinzeit charakterisiren jedenfalls die durchbohrten Meissel oder Beile ein späteres Stadium der Cultur, als die nicht durchbohrten. Die Archäologen haben dieselben anfangs in die Bronzezeit eingereiht, denn man glaubte lange, dass die Durchbohrung der Steine ohne Metallwerkzeuge nicht denkbar sei. In neuerer Zeit wurde aber bewiesen, dass zur Durchbohrung der Steinmeissel Bronze oder Eisen nicht notwendig sei, denn es wurde durch Versuche gezeigt, dass hiezu Horn, Holz und sogar Rohr genüge. Die Bohrversuche, welche in den Sammlungen nicht selten vorkommen, und die erhaltenen Bohrkerne beweisen zur Genüge, dass die Löcher nicht durch scharfe Metallcylinder, sondern mittelst ziemlich stumpfer Hörner hervorgebracht wurden.

Es ist daher nicht notwendig, jedes durchbohrte Steinwerkzeug in die Bronzezeit zu versetzen; denn zugegeben, dass die Benützung der Steingeräthe noch in der Bronzezeit, ja noch länger fortgesetzt wurde, zeigt doch die Erfahrung, dass unter den mit Bronzegegenständen beisammen gefundenen Steingeräten, die allerprimitivsten Keile und Meissel viel häufiger vorkommen, als die durchbohrten. Da jedoch bei den Waffen und Werkzeugen der Bronzezeit besonders in West-Europa das Schaftloch kaum vorkommt, die Dülle aber besonders bei den Streitbeilen meist verziert ist, und da das Schaftloch hauptsächlich bei den Eisenwerkzeugen vorkommt, wo es nicht durch den Guss, sondern durch das Schmieden erzeugt wurde, so hielten die Praehistoriker lange Zeit die durchbohrten Steingegenstände für gleichzeitig mit den späteren Bronzewerkzeugen und dem Beginn der Eisenperiode. Da nun das Schaftloch bei den Kupfergegenständen häufig vorkommt, eignete man auch diese einer späteren Epoche zu, welche in die erste Eisenzeit fällt. Das Schaftloch gehört demnach zu den spätesten Formen. Hierbei fehlt aber die Basis der Behauptung, seitdem bewiesen wurde, dass zur Durchbohrung der Steingeräte ein Metallcylinder durchaus nicht notwendig sei. Es ist wahr, dass uns das Schaftloch viel zweckdienlicher scheint, als die Dülle, welche den bronzezeitlichen Celt charakterisirt; da aber trotzdem die Erfahrung zeigt, dass die Bronzezeit das Bohrloch, welches die Steinzeit schon kennt, nicht benützte, dass also zwischen den Typen der Stein- und Bronzezeit gar kein Zusammenhang besteht, so war dieses auch einer der Gründe, weshalb die Præhistoriker die Bronzezeit in Europa nicht für eine einfache Fortsetzung und Weiterentwicklung der Steinzeit halten, sondern dieselbe mit einer einwandernden, erobernden, wahrscheinlich asiatischen Nation in Zusammenhang bringen. Die Kupferwerkzeuge und Waffen hingegen, so wie sie in Ungarn gefunden werden, zeigen eine überraschende Aehnlichkeit mit den Steinwerkzeugen, sowohl mit den einfacheren als mit den durchbohrten.

Evans, der gewissenhafte englische Præhistoriker, beschäftigt sich in jenem Werke, welches er über die in Grossbritannien gefundenen alten Steinwerkzeuge, Waffen und Zierstücke schrieb, ebenfalls mit dieser Frage und erzählt, er habe, — nachdem Worsaae erwähnt hatte, wie in den Urzeiten das Bohren durch einen spitzen Stock, Sand und Wasser geschehen konnte, ja dass es sogar fraglich sei, ob der weichere Stoff nicht geeigneter dazu sei, als Kiesel oder Metall, zum Versuch ebenfalls ein Loch durch einen Steinkeil aus Schweizer Steatit gebohrt und gefunden, dass dazu auch der Kieselsplitter als Bohrer verwendet werden könne, ja dass zum Poliren der Holzstock noch geeigneter sei als der Kiesel oder das Bein, weil er dem Sande ein besseres Bett bildet. Auch Professor Brant in New-York machte ähnliche Versuche, die er im 1868er Jahresberichte des Smithsonian-Institutes beschreibt. Er fand, dass sogar das Rohr zu diesem Zweck vollkommen geeignet sei. Dr. Keller, der hiezu ein Ochsenhorn verwendete und es für zweckdienlich fand, macht auch darauf aufmerksam, dass eine derartige Metallröhre, welche zu einer solchen Bohrung hätte benützt werden können, bisher noch nirgends gefunden worden sei, trotzdem Troyon und Nilsen glauben, dass solche Bohrlöcher nur mit Metall, ja sogar nur mit Stahlwerkzeugen hergestellt werden können, und daher die durchbohrten Steinbeile in die Eisenzeit versetzen. Evans kommt Seite 49 seines erwähnten Werkes zu dem Resultate, dass man in der Neolithzeit wohl schon die Steinbeile durchbohrte, dieselben aber in Grossbritannien selten seien, dass ferner jene Steinwerkzeuge, welche in der Bronzezeit im Gebrauche waren, gewöhnlich mit grosser Sorgfalt verfertigt wurden, und die Beile aus dieser Zeit grösstenteils durchbohrt und von gewählter Form seien, ja dass unter den Silex-Pfeilspitzen einige die höchste Stufe der Handfertigkeit verraten.

Es geht also auch nach Evans das Bohrloch schon der Bronzezeit voran und fällt in die Epoche des polirten Steines;

nur die schöneren Stücke mit gewählteren Formen und sorgsamer Bohrung, wie sie bei uns sehr selten, häufiger nur auf der skandinavischen Halbinsel vorkommen, gehören seiner Meinung nach in die Bronzezeit. Es gibt also gar keinen Grund, das Bohrloch für eine so späte Form zu halten, um es in die Eisenzeit zu verlegen.

Das Durchbohren eines Werkzeuges zu dem Zwecke, um einen Schaft darein fügen zu können, bezeichnet jedenfalls einen grossen Fortschritt in der menschlichen Civilisation. Ja die Durchlöcherung eines Steinwerkzeuges und die Einfügung eines Schaftes setzen so verschiedene Kenntnisse voraus, dass wir uns gar nicht wundern dürfen, wenn viele Altertumsforscher das Bohrloch bei Steinen mit der Entwicklung der Bronzezeit in Zusammenhang brachten und darin im Allgemeinen eine späte Form erkannten. Doch ist das Schaftloch, welches bei Bronzewerkzeugen ausserhalb unseres Vaterlandes nur selten und spät vorkommt, keine Erfindung der Bronzezeit, ja nicht einmal der Epoche der polirten Steine, ist auch nicht zuerst für Steinwerkzeuge verwendet worden, sondern findet sich an dem viel leichter zu behandelnden Bein und Horn zu einer Zeit, die der Epoche der polirten Steine noch um ein Gutes voranging

Jene Gelehrten, die sich mit der Præhistorik und besonders mit der Steinzeit befassen, pflegen in derselben verschiedene Epochen zu unterscheiden, ja sie versuchten sogar in der palæolithischen Periode verschiedene Epochen zu bestimmen. Sie bemerkten nämlich, dass man in einer gewissen Zeit neben dem schwer zu behandelnden Steine auch Bein zu Werkzeugen benützte, da für gewisse Werkzeuge z. B. für Messer, die Seitenrippen der Tiere viel leichter verwendbar sind, als der Stein. Die Nadel, welche aus Stein ganz unmöglich ist, war aus Bein leicht herstellbar; ebenso wie die anfänglichen Stosswaffen aus den Geweihen der Hirsche, und das Hohlmeissel aus den zähen Röhrenknochen dieser Tiere verfertigt wurden. Damals führte die Form der Wirbelknochen auf die Idee des Schaftloches.

Die Præhistoriker bezeichneten jene Epoche, in welcher die Beinwerkzeuge zuerst vorkommen, mit verschiedenen Namen. Lartet, der diese Epoche in Gemeinschaft mit seinem Freunde Christy in Frankreich in den Höhlen zuerst studirte, benannte sie «Höhlenepoche»; da es aber seiner Aufmerksamkeit nicht entgehen konnte, dass die Menschen schon in einer früheren und wiederum in verschiedenen späteren Zeiten Höhlenbewohner waren und dort ihre Waffen und Werkzeuge liessen, erkannte er bald die Unrichtigkeit dieser Benennung. Mortillet nannte sie «Magdalenen-Epoche», weil man in der Gemarkung von La Madeléne zuerst solche Werkzeuge aus Bein fand und beschrieb. Die meisten Schriftsteller bezeichnen sie mit dem Namen «Renntierzeit», weil die Verbreitung des Renntieres durch ganz Europa diese Epoche charakterisirt, und von jener späteren Epoche trennt, wo sich in der Zeit des polirten Steines wieder Knochenwerkzeuge vorfinden.

In jener Renntierzeit, in welcher das Mammuth noch nicht ausgestorben war, der riesige Höhlenbär und die Hyäne in Europa hausten, und noch keine Spur der Haustiere vorkommt, finden wir zuerst das Schaftloch, welches seither bei den Knochenwerkzeugen stets vorkommt und seitdem nie in Vergessenheit geriet.

In unserem Vaterlande fiel den Knochenwerkzeugen eine viel grössere Rolle zu, als im Auslande, denn in der ganzen ungarischen Tiefebene kommt kein Gestein vor, so dass der Stoff für die primitiven Waffen und Werkzeuge fehlte. Die Natur selbst wies also dort die Ureinwohner darauf, die Steinwerkzeuge durch Beinwerkzeuge zu ersetzen, und dazu empfahlen sich die Geweihe und Knochen der Hirscharten ganz besonders durch ihre Festigkeit. In den künstlichen Hügeln längs der Theiss fehlen daher die Knochenwerkzeuge nie, während Steinwerkzeuge äusserst selten sind. Diese Hügel reichen vom Beginn des polirten Steines hinab bis in die Bronzezeit. Das Bohrloch am unteren Teile des Hirschgeweihes charakterisirt diese Zeit.

Wir können also ruhig behaupten, dass das Bohrloch durchaus nicht mit den späteren entwickelten Formen der Bronzezeit zusammenhängt, sondern schon vor Beginn der Epoche des polirten Steines in der Palaeolithzeit bekannt war, also durchaus keinen späteren Charakter an sich trägt.

XXVI. *Kupferbeile und Hämmer.* (S. 58). Auf den bisher mitgeteilten Tafeln sahen wir, wie die, dem Steinbeiltypus verwandten Kupferkeile in Randmeissel übergehen, wie sie sich den Bronzeformen nähern und in diesem Metalle ihre Fortentwickelung finden, andererseits wie von den flachen, dünneren, breiten, viereckigen Steinformen ausgehend, sich ein besonderer Kupfertypus entwickelt, für den in der Bronzezeit durchaus keine Analogie zu finden ist, der aber in

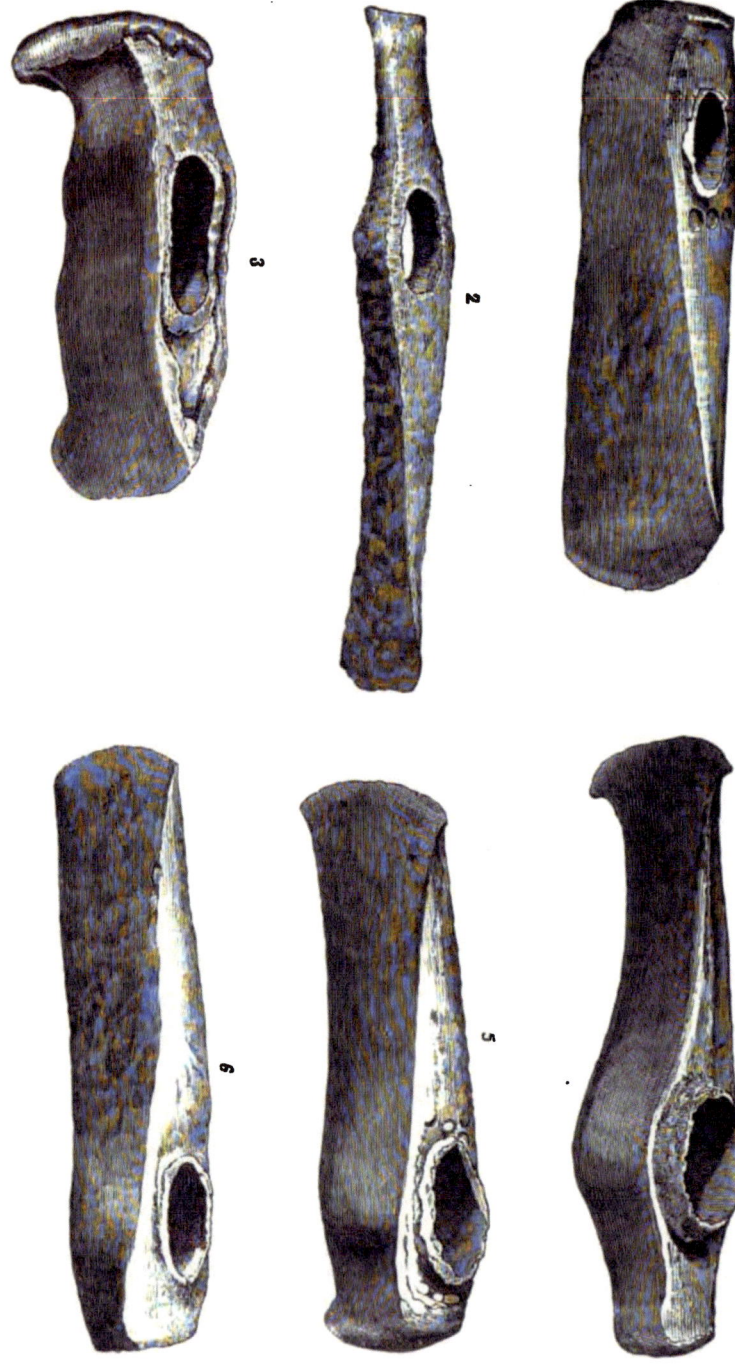

Kupfer sowohl in Indien als in Ungarn häufig vorkömmt. Bei allen diesen Kupferwerkzeugen sehen wir keine Spur von Verzierung, und das Schönheitsgefühl äussert sich höchstens in der Eleganz der Contouren und in der Regelmässigkeit der Ränder. Aehnliches sehen wir auch bei den schweren Kupferwerkzeugen, welche sich an die Typen der durchbohrten Steinbeile anschliessend, einerseits in den zweischneidigen Streithammer, andererseits in die verschiedenen Formen der Axt übergehen. Der ursprüngliche Steintypus geht nach und nach in Formen über, für welche sich in der Bronzezeit keine Analogie findet. Zur Charakteristik dieser Formen gehört neben der Massivität auch die Abwesenheit jeder Verzierung, wenn wir nicht etwa die an einigen Stücken unmittelbar neben dem Schaftloche eingeschlagenen runden Vertiefungen für Ornamente nehmen, welche durch jedes beliebige stumpfe Werkzeug, das in einen Knopf endet, hervorgebracht werden können. Im Allgemeinen ist es charakteristisch bei den Gegenständen der Kupferzeit, dass im Gegensatze zu den Bronzewerkzeugen, bei welchen sich das Schönheitsgefühl sowohl in der Mannigfaltigkeit der Formen, als auch in den geometrischen Verzierungen offenbart, bei diesen eine Unfruchtbarkeit der Phantasie und Mangel an schöpferischer Kraft sich äussert. Die Form der Werkzeuge ändert sich nur wenig und für die Verzierung bleibt kein Raum; das Schönheitsgefühl veredelt noch nicht die Formen, welche die Notwendigkeit geschaffen hat.

Kupferbeil und Hammer sind meistens ein vollständiges Ebenbild des durchbohrten Steinbeiles und Hammers, von denen sie sich hauptsächlich darin unterscheiden, dass beim Kupferbeil das Schaftloch nicht durch Bohrung, und auch nicht durch Guss erzeugt worden, sondern indem das glühende Kupfer mittelst einer Kupferstange durchgeschlagen wurde, wodurch rings um das Schaftloch eine kurze Dülle entstand, bei einigen Stücken stärker, bei anderen schwächer, aber meistens unregelmässiger, als dass sie als Verzierung dienen könnte. Wir finden überhaupt keine Spur von Ornamentation an diesen Kupferbeilen, welche noch einfacher sind als die Kupferkeile und Flachmeissel. Nur an einzelnen seltenen Stücken sehen wir zwei, drei, sechs und acht mit einer Puntze eingeschlagene, runde, oberflächliche Vertiefungen, die man vielleicht eher für Marken, als für primitive Verzierungen halten kann. Das Schaftloch ist gewöhnlich so wie bei den Steinbeilen nahe zum Kopfe, der, wie dies bei einigen Exemplaren ersichtlich ist, auch als Hammer benützt wurde. Um ihn zu diesem Zwecke geeigneter zu machen, verlegte man später das Schaftloch weiter, manchmal gerade in die Mitte, und so wurde daraus ein regelrechter Schmiedehammer, wie z. B. das unter Nr. 3 gezeichnete Werkzeug.

1. Kupferbeil, oben beim Schaftloche drei in gerader Linie eingeschlagene, oberflächliche Vertiefungen, am unteren Theile zwei eben solche. Dieses Werkzeug entspricht vollkommen den Steinbeilen, von welchen es sich nur durch die, rings um das Schaftloch sich erhebende, unregelmässige Dülle unterscheidet. Die Abnützung des Beilkopfes zeigt, dass es auch als Hammer in Gebrauch war. Länge 0·14.

2. Längeres, schlankeres, dünneres Kupferbeil. Aus dieser Form entwickelte sich der Kupferstreithammer mit zwei, im Kreuz stehenden Schneiden. Gefunden in Puszta-Tóth, Comitat Bihar. Länge 0·18.

3. Kupferhammer, der ursprünglich ganz den Steinhämmern glich. Sein Kopf ist durch die Benützung bei der Schmiedearbeit breit auseinandergeschlagen und etwas verkrümmt. Aus der Sammlung G. Rath. Länge 0·10.

4. Die Form dieses Kupferbeiles ist gewählter als jene der früheren, die Schneide etwas verbreitert, ein Einschnitt längs der Mitte vom Schaftloch bis zur Schneide ziert dieses Werkzeug. Aus der Sammlung G. Rath. Länge 0·155.

5. Je drei durch eine Puntze eingeschlagene Vertiefungen neben der unregelmässigen Dülle am Schaftloch nach vorn und hinten charakterisiren dieses Kupferbeil, dessen Kopf als Hammer diente. Fundort Tápió-Szécsö. Länge 0·15.

6. Kupferbeil, entspricht vollständig einem Steinbeile, und diente so wie Nr. 1 und 5 als Vorbild einer einfachen Axt. Am unteren Teile ist ein Puntzeneinschlag sichtbar. Länge 0·165.

XXVII. *Kupferbeile.* (S. 61). 1. Unter den Steinbeilen kommen manche sehr gewählte Stücke vor, welche eher als Zierstücke, vielleicht als Symbole der Herrschaft benützt wurden, mit schlanken Formen, schön geschwungenen Linien und kreissegmentförmigen Schneiden. Wir sahen solche bei der Stockholmer Ausstellung, ähnlich ist auch das Dadaer Serpentinbeil in unserem Museum. Diesem gleicht vollständig dieses Kupferbeil, nur dass durch die Benützung der Kopf

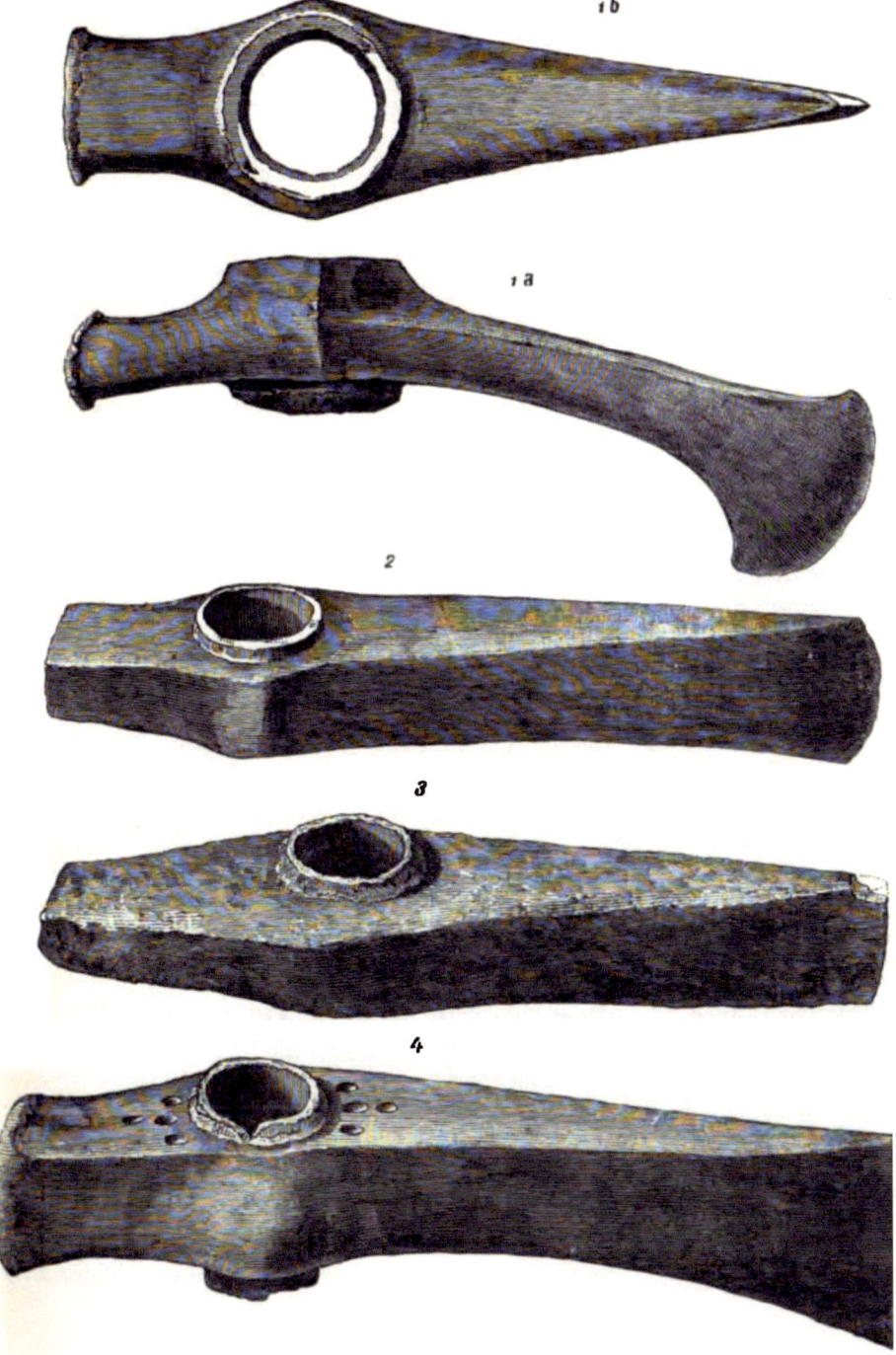

abgenützt und auseinandergeschlagen ist, als ob er als Hammer gebraucht worden wäre. Aus der Sammlung Franz Kiss. Länge 0·25.

2. Kupferbeil, dessen Verhältnisse von den steinzeitlichen Formen abzuweichen beginnen. Länge 0·23.

3. Kupferbeil, ähnlich dem vorigen, nur um das Schaftloch herum breiter, und in der Form einfacher. Fundort Balassa-Gyarmat. Länge 0·235.

4. An diesem Stücke sehen wir neben der Dülle des Schaftloches je vier mit der Puntze eingeschlagene Vertiefungen. Die nachträgliche Verbreiterung des Kopfes zeigt, dass das Werkzeug als Hammer gebraucht wurde. Länge 0·145.

Im ungarischen Nationalmuseum befinden sich insgesammt 36 Kupferbeile.

XXVIII. *Der Streithammer aus Kupfer.* Die Form der flachen Kupfermeissel zeigt eine nahe Verwandtschaft mit den steinzeitlichen Formen und obgleich die Randmeissel auch in Bronze vorkommen, dienen doch bei den gegossenen Bronzestücken die Ränder nur als Verzierung, während sie bei Kupferexemplaren aus dem Schmieden der Schmalseite leicht erklärlich sind. Die Vorbilder der länglichen, viereckigen Flachmeissel mit kreissegmentförmiger Schneide finden wir ebenfalls unter den Steinmeisseln, nur dass die derartig gestalteten Kupfermeissel viel dünner sind als die Steinmeissel. Solche kommen aber weder in Bronze noch in Eisen vor und bilden eine der Kupferzeit eigentümliche Form, die in anderem Metall nicht gefunden wird. Dasselbe können wir von den einfachen mit einem Schaftloche versehenen Kupferbeilen sagen, welche so sehr den durchbohrten Steinkeilen gleichen, dass man oft glauben könnte, der Steinmeissel sei einfach abgeformt worden, um als Gussform für das Kupferbeil zu dienen. Bei dieser Form kömmt auch, ebenso wie beim Steinkeil, nicht die Schneide, sondern das Gewicht in Betracht. Aber die Steinkeile hatten immer den Nachteil, dass sie beim Gebrauche dort, wo sie durch das ausgebohrte Schaftloch geschwächt waren, leicht abbrachen. Zahlreiche Bruchstücke beweisen dies, und der steinzeitliche Mensch kam oft in den Fall, den übriggebliebenen unteren Teil des gebrochenen Steinkeiles neuerdings durchbohren zu müssen, damit die viel Zeit und Mühe raubende Polirung nicht verloren gehe. Bei den Kupferbeilen, welche diese Form vollständig nachahmen, konnte eine solche Gefahr nicht vorkommen; diese konnten nicht zerbrechen und erwiesen sich in dieser Beziehung als geeigneter, nur dass sie wieder solche Nachteile hatten, die bei Steininstrumenten nicht vorkamen, dass nämlich die Kupferbeile im Gebrauche sich verbogen und abnützten, indem ihre Köpfe durch die Schläge breitgeschlagen wurden, und die Schneide sich abstumpfte. Wenn sie aber auf diese Weise unbrauchbar geworden waren, konnte ihre Form leichter wiederhergestellt werden, als jene der Steinkeile, welche neuerdings durchbohrt werden mussten, oder als jene der Bronzewerkzeuge, welche, wenn sie zerbrachen, umgegossen werden mussten, während die Kupferbeile, sobald ihre Schneiden stumpf geworden waren, durch neues Schmieden leicht wiederhergestellt wurden.

Aus jener einfachen Form, welche den durchbohrten Steinkeil in jeder Beziehung nachahmt, und unter den Bronzewerkzeugen durchaus keine Analogie findet, entwickelten sich in zwei Richtungen neue Typen, die aber mit den Steinformen nicht mehr direct im Zusammenhange stehen. Der Kopf wurde nämlich länger, das Schaftloch zog sich, wie das auch schon bei Steinwerkzeugen vorzukommen pflegt, gegen die Mitte zu, wodurch sich der Kopf zum Gebrauche als Hammer geeigneter bewies. Diese Form des Kupferbeiles diente zu doppeltem Zweck: das eine Ende zum Schneiden, das andere zum Schlagen; dies ist auch der Sinn des heutigen Schlosserhammers, und darin zeigt sich eine gewisse Verwandtschaft zwischen der Grundidee des Kupferbeiles und des Eisenhammers. Später wurde der stumpfe Kopf zu einer Schneide geschmiedet, und so entstand der zweischneidige Streithammer in einer solchen Form, dass die beiden Schneiden im Kreuze zu einander stehen. Bei den Steinwerkzeugen bemerken wir ebenfalls eine gewisse Entwickelung in dieser Richtung; in Skandinavien, wo das üblichste Steinmaterial der Steinwerkzeuge, der Feuerstein, viel fester und härter ist, als die Steinarten Ungarns, welche der steinzeitliche Mensch als Stoff für seine Werkzeuge benützte, ist auch die Form der Steinkeile eine viel künstlichere als bei uns, und dort kann man wohl eine zweischneidige Steinwaffe finden, welche nicht dem Streithammer gleicht, sondern eher ein zweischneidiges Beil ist (bipennis), wie es in Kupfer gar nicht und in Bronze nur ausserordentlich selten vorkömmt. Bei uns wurden nur zwei solche Doppelbeile gefunden, in den übrigen præhistorischen Sammlungen Europa's sind sie unbekannt, während wir sie in Klein-Asien auf den Münzen der karischen Könige finden. Der labrandäische Jupiter, dieser stehende Typus der Münzen der karischen Könige, ist nämlich mit einem solchen Doppel-Beile bewaffnet. Ein ähnliches kömmt auf den Münzen der Insel Tenedos vor, auch sehen wir es in den Händen der Amazonen auf griechischen Prachtgefässen und geschnittenen Steinen, und bei den Bacchantinnen, welche den thrakischen König Lykurgos tödten.

Der zweischneidige Streithammer unterscheidet sich dadurch von dem Doppelbeil, dass die eine Schneide horizontal, die andere vertical steht. Da aber das Schaftloch genau in die Mitte des Instrumentes fällt, wird der Streithammer hiedurch zerbrechlicher, als das Kupferbeil, das blos einen kurzen Kopf hat. Daher geschieht es häufig, dass der Kupferstreithammer in der Gegend des Schaftloches bricht; solche zerbrochene Stücke sind auch bei unseren Funden nicht selten. Um aber das Brechen zu vermeiden, wurde der Streithammer beim Schaftloche breiter und kantig geschmiedet. So bildete sich der zweischneidige Kupferstreithammer aus, für den wir weder bei den Stein- noch bei den Bronzewerkzeugen eine Analogie finden.

So wie aus der Verlängerung und Schärfung des Kopfes des einfachen Kupferbeiles einerseits sich der eigentümliche zweischneidige Kupferstreithammer entwickelte, so wurde andererseits die Kupferaxt daraus, dadurch, dass der Kopf des Kupferbeiles kürzer und dünner geschmiedet wurde, damit es nicht mehr zum Schlagen und Schneiden, sondern blos zum Hacken diene. Demgemäss wurde auch seine Schneide breiter geschmiedet, und das Schaftloch mit der Zeit zur Verstärkung verlängert. Diese Form war bei den Steininstrumenten schon in Folge der Natur des Steines unmöglich, war aber in Bronze leicht herstellbar; trotzdem ist in der Bronzezeit die Axt ausserordentlich selten und weicht in ihren Formen von der Kupferaxt ab. In der Eisenzeit hingegen kömmt sie, sei es als Streitaxt, sei es als Holzhacke, häufig vor, und blieb bis auf unsere Zeit in Gebrauch, nur dass sie jetzt aus Stahl verfertigt wird.

XXIX. *Streithämmer, I.* (S. 65). 1. Dieser Streithammer, an welchem unten eine eingeschlagene Vertiefung sichtbar ist, ist an beiden Schneiden vollständig abgenützt, so sehr, dass er als Schneidewerkzeug vollkommen unbrauchbar ist, und wie es scheint als Hammer benützt wurde, obgleich seine Gestalt dazu nicht eben geeignet ist. Aus der Sammlung Franz Kiss. Länge 0·14.

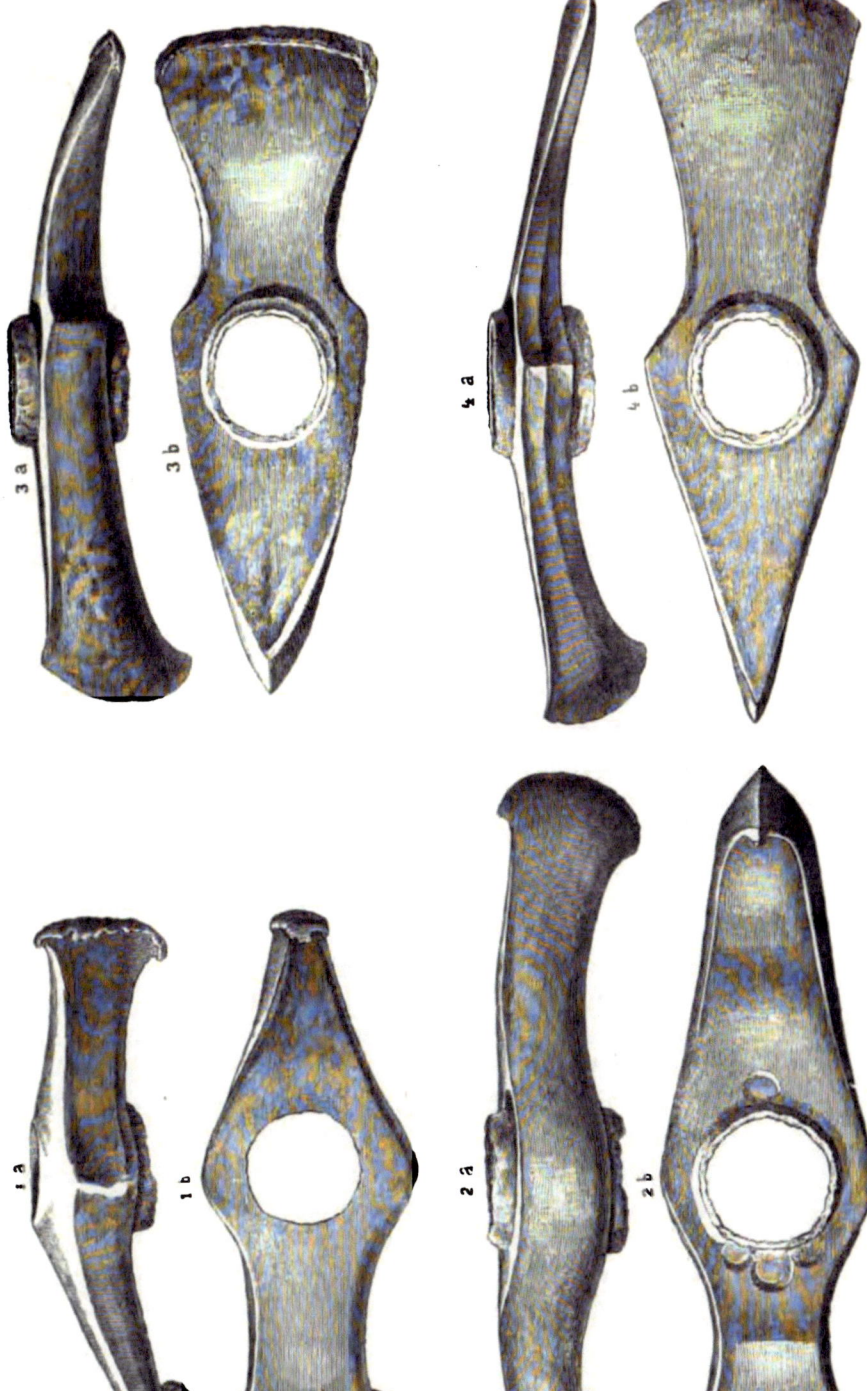

2. Ein Beil, das aus der Sammlung Georg Rath's ins Museum kam. Das Schaftloch hat nur eine kurze Dülle. Auf dem Beile sind je eine und drei mit der Puntze eingeschlagene Verzierungen; Spuren des Schmiedens sind sichtbar. Das eine Ende ist scharf, das andere durch den Gebrauch auseinandergeschlagen. Länge 0·18.

3. Es ist eine Eigentümlichkeit dieses Streithammers, dass die horizontale Schneide mit einem regelmässigen Saume versehen ist, als ob sie, nachdem sie stumpf geworden, durch neues Schmieden ausgebessert worden wäre. Das Schaftloch hat zwar eine kurze Dülle, diese ist aber eher in Folge des Schmiedens als des Gusses entstanden, ganz ebenso wie bei den früheren und späteren Exemplaren. Länge 0·18.

4. In Taksony (Comitat Pest) wurden im Jahre 1881 zwei vollkommen gleiche Streithämmer ausgeackert, mit jener schmutzigen glanzlosen Patina, welche so oft die Kupferwerkzeuge charakterisirt. Die Form ist regelmässiger als bei den früheren Stücken. Länge 0·2.

Im ungarischen Nationalmuseum werden gegenwärtig 17 Kupferstreithämmer aufbewahrt.

XXX. *Streithämmer, II.* (S. 67). 1. In Szilvás in der Mátra, wo das Kupfer noch jetzt in gediegenem Zustande vorkömmt, wurde dieser zweischneidige Streithammer gefunden, an welchem Spuren von Hammerschlägen wahrnehmbar sind. Länge 0·28.

2. Zweischneidiger Streithammer, stärker gebogen als der vorhergehende; auch dieser ist durch eine, mit einer Puntze eingeschlagene Vertiefung markirt; rings um das Schaftloch bildete sich eine kurze Dülle, trotzdem erhielt gerade dort dieses Werkzeug einen Riss; doch sind keine Spuren der Abnützung durch Gebrauch zu sehen. Aus der Sammlung Franz Kiss. Länge 0·27.

3. Kleinerer und leichterer zweischneidiger Streithammer aus der Sammlung G. Rath. Länge 0·19.

XXXI. *Keilhauen.* (S. 69). Unter den Kupferwerkzeugen sind die eigentümlichsten jene langen und schweren Keilhauen, welche in Bronze nie vorkommen, von welchen wir sagen können, dass es die grössten und schwersten Metallwerkzeuge sind, welche wir aus præhistorischer Zeit besitzen, und welche bis jetzt nirgends anders als in Ungarn gefunden wurden. Ausser den drei Exemplaren des Nationalmuseums kennen wir eines im Besitze des Baron Desider Prónay, ein

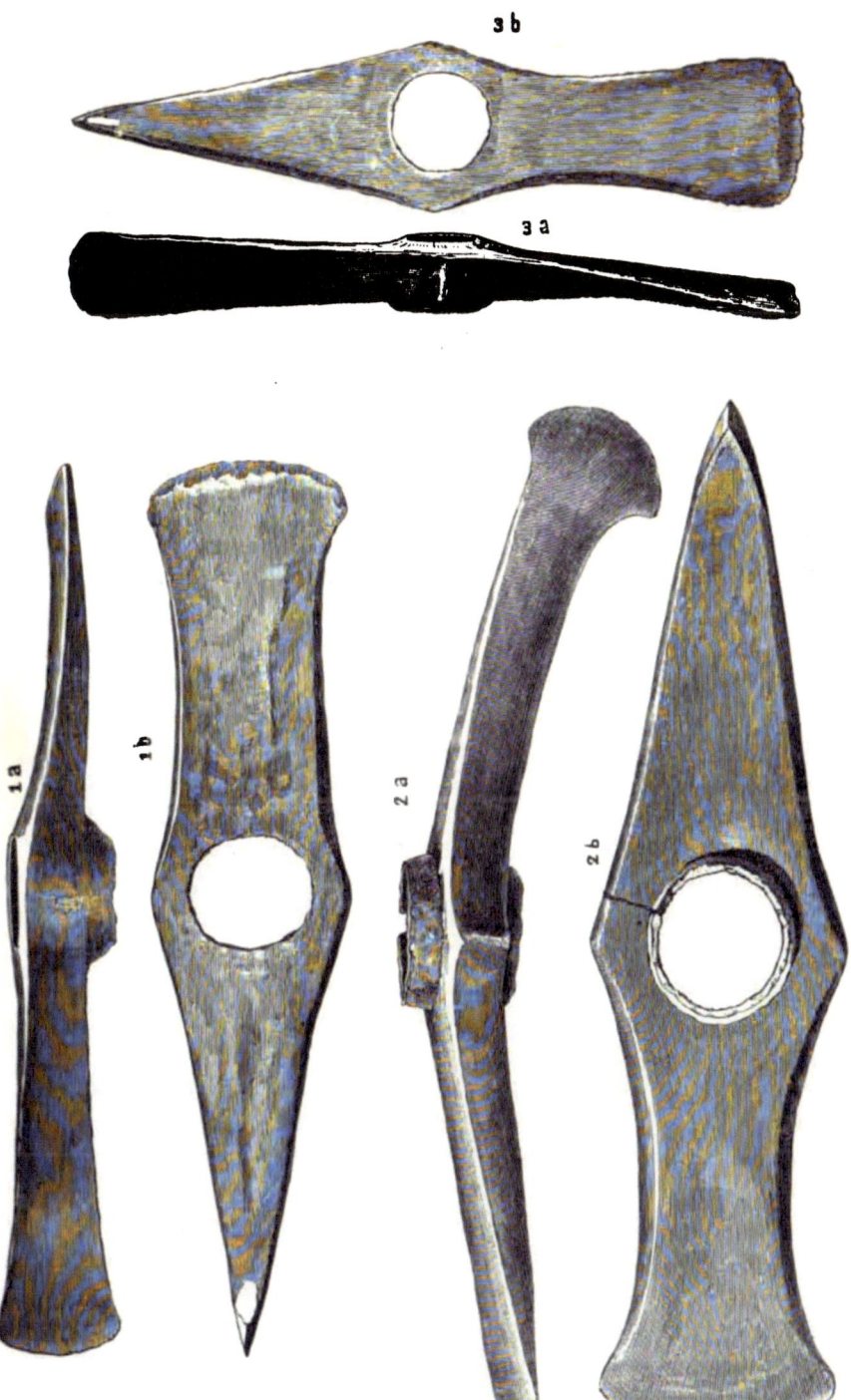

zweites bei dem Obergespan des Temeser Comitates Sigmund Ormós. Es ist schwer sich vorzustellen, wozu diese riesigen Keilhauen benützt wurden, die in verschiedenen Teilen des Landes vorkommen, an solchen Orten, welche von Salzwerken und anderen Gruben ganz entfernt liegen. Ihre Schneiden sind nicht durch Gebrauch abgenützt, ihre Herstellung eine sorgfältige und die Formen regelmässig.

1. Herr Ladislaus Földváry, Grundbesitzer in Tótgyörk, schenkte diese schöne 0·37 lange Keilhaue, welche in der Gemarkung von Tótgyörk gefunden wurde, dem Nationalmuseum. In ihrer Form gleicht sie zwar den schweren Kupferstreithämmern mit zwei im Kreuze stehenden Schneiden, nur dass bei diesen das Schaftloch ungefähr in die Mitte fällt, damit er gut ins Gleichgewicht gebracht werde. An unserem Stücke hingegen ist die horizontale Schneide um die Hälfte kürzer als die verticale.

2. Die rückwärtige breite Schneide dieser Keilhaue ist noch viel kürzer als beim vorhergehenden Stücke, und die Form eine so gewählte, dass man ganz wohl diese Keilhaue für ein Symbol der Obrigkeit halten könnte. Die deutschen Archæologen nannten eine Art der Bronze-Streitbeile Commandostab; nun kommen solche in Ungarn in so grosser Zahl vor, dass diese Benennung auf unsere Bronze-Streitbeile nicht anwendbar scheint, ausser wir nehmen an, dass in Ungarn schon in der Bronzezeit jeder Mensch ein Befehlshaber war, da in unserem Museum mehr denn 70 solche Bronze-Streitbeile aufbewahrt werden, und diese Form auch in den Provinzialsammlungen durch zahlreiche Stücke repräsentirt wird. Wenn es in der Urzeit überhaupt Commandostäbe als Symbol der Obrigkeit gab, könnte diese Benennung vielleicht eher auf solch grosse Kupferkeilhauen, als auf die erwähnten Bronze-Streitbeile angewendet werden. Länge unseres Stückes 0·38.

3. Diese Keilhaue wurde in Mezőkeresztes gefunden, und kam durch das Cultus- und Unterrichts-Ministerium in's Museum. Länge 0·40. Gleicht in jeder Beziehung dem vorigen Stücke, nur dass es dicker und schwerer ist.

XXXII. *Kupferäxte.* (S. 71). So wie der Kupfer-Streithammer von allen Bronzeformen vollkommen abweicht, und an Grösse und Gewicht von den kleineren, leichteren, mit Verzierungen versehenen Bronzewerkzeugen vollständig verschieden ist, so findet auch die Kupferaxt kaum eine Analogie in der Bronzezeit. Es kommen zwar auch in

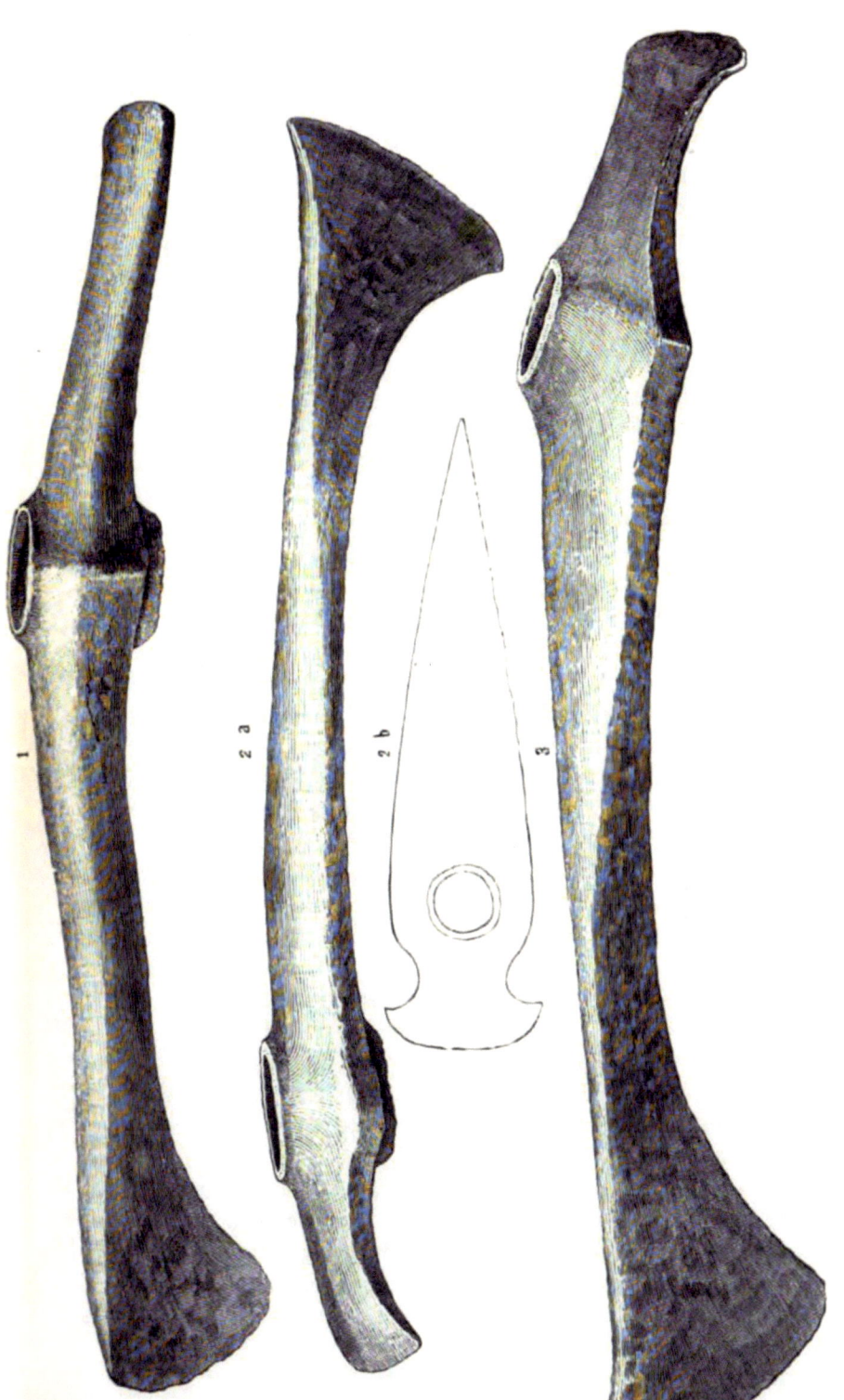

dieser, doch nur selten, Streitbeile und Aexte mit einem Schaftloch vor, aber es sind vollkommen originelle Bronzetypen, welche mit jenen der Kupferzeit in keinem Zusammenhange stehen. Hingegen ist die Axt einer der bekanntesten Typen der Eisenzeit, und wurde bald als Waffe, bald als Werkzeug gebraucht, da sie in beiden Fällen die Brauchbarkeit ihrer Form bewährte. Wahrscheinlich ist dies der Grund, weshalb Chantre, Mortillet und Unsedt die Kupferformen für spätere und der Eisenzeit nahende Typen halten, ohne dass diese sonst gründlichen Gelehrten ihre Behauptungen auch zu begründen der Mühe wert fänden, oder wenigstens sagen würden, was sie unter späteren Formen verstehen, und welches jene sind, die sie mit den bronze- und eisenzeitlichen vergleichen. In der Form der Aexte finden wir wohl eine Aehnlichkeit zwischen den Werkzeugen der Kupfer- und der Eisenzeit, woraus wir aber noch keine weitere Folgerung auf das Zeitalter dieser Form ziehen können, denn die einfachste Form der Axt, wie z. B. Nr. 2, ist nur eine Abart des Kupferbeiles mit dem Schaftloch, bei welcher der massive, viereckige Kopf immer kürzer wird und schliesslich beinahe vollständig verschwindet. Es wäre ein Irrtum, auf die Gleichzeitigkeit der einfachen Formen blos aus dem Grunde zu schliessen, weil diese bei ähnlichen Werkzeugen in verschiedenen Metallen vorkommen. Wir wissen, dass sowohl der Randmeissel als der Celt, trotzdem dieselben zu den ältesten Formen der Bronzezeit gezählt werden, manchmal z. B. in Hallstadt und an verschiedenen Orten in Ungarn, auch in Eisen vorkommen, ohne dass wir deshalb jeden Celt und Paalstab für gleichzeitig mit den ähnlichen Eisenwerkzeugen erklären würden. So verhält es sich auch mit den Kupferäxten, welche sich übrigens in der Kupferzeit auf ganz natürliche Weise aus den Kupferbeilen, so wie diese aus den durchbohrten Steinkeilen entwickeln, während bei den Eisenäxten eine solche stufenweise Entwickelung fehlt, und diese ganz selbstständig ohne jede Prämisse, plötzlich erscheinen, denn aus der Bronzezeit, wo diese Form der Axt unbekannt war, konnte sie nicht übernommen worden sein.

Uebrigens ist auch noch eine andere Aehnlichkeit zwischen den Kupfer- und Eisenwerkzeugen zu finden, dass nämlich bei den ältesten Eisenwerkzeugen und Waffen die Verzierung ebenso fehlt, wie bei den Kupferwerkzeugen, was wieder darin seine Erklärung findet, dass, während die Bronzegegenstände schon grösstenteils beim Gusse

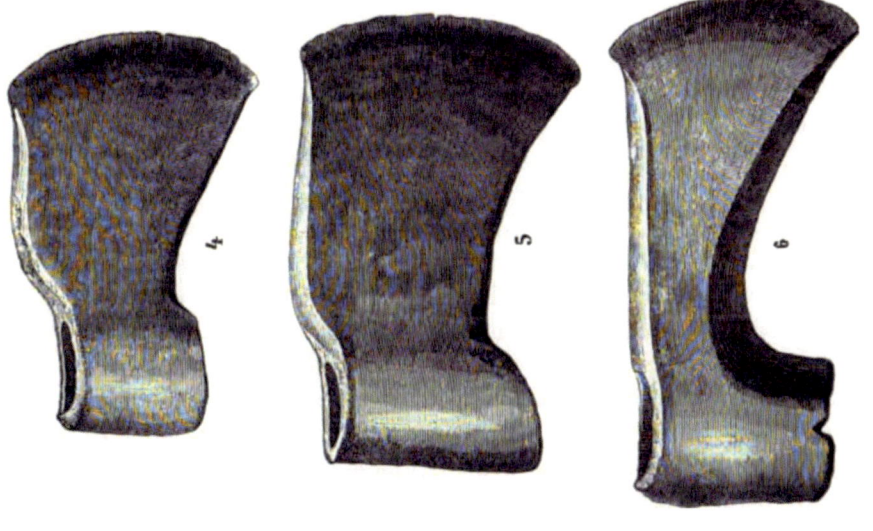

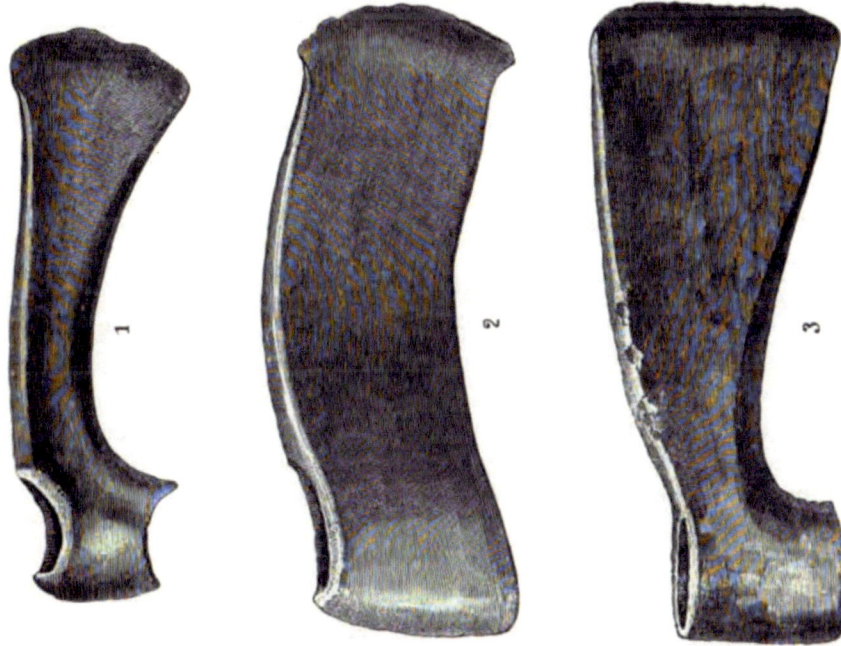

ihre Verzierungen erhielten, welche in die Steinform eingeschnitten waren, die Kupfer- und Eisenwerkzeuge ihr Entstehen dem Schmieden verdanken; wenn man diese verzieren wollte, konnte dies nur später durch ein neuerliches Bearbeiten geschehen, durch Eingraviren von Linien und Figuren. Dieses blieb beim Kupfer vollständig weg und ist auch bei den ältesten Formen in Eisen nicht zu finden, was aber noch immer kein genügender Grund ist, die Kupferzeit in Zusammenhang mit der Eisenzeit zu bringen. Ja wir müssen noch bemerken, dass, ob wir nun die Epoche von Hallstadt oder La Têne beobachten, welche das erste Auftreten des Eisens bezeichnen, wir am Ende der Bronzezeit unter den entdeckten Eisenwerkzeugen kein solches finden, welches eine Aehnlichkeit mit dem Kupferbeil, Streithammer oder der Kupferaxt zeigen würde. Eine solche Aehnlichkeit finden wir höchstens in den Eisenwerkzeugen der späteren römischen Zeit und in der Franciska der Franken, mit einem Worte in einer solchen Zeit, in der sowohl das Kupfer als die Bronze für Schneidewerkzeuge schon längst nicht mehr in Gebrauch waren.

Da es ein Charakteristikon der kupferzeitlichen Gegenstände ist, dass ihnen jede Verzierung fehlt, so ist es sehr natürlich, dass der Unterschied der Typen nicht gross ist. So sind auch im Grossen und Ganzen die Aexte einander gleich, und der Unterschied äussert sich am ehesten am Schaftloche, das bald zum Körper der Axt gehört, und nichts Anderes ist, als ein durchbohrter Teil desselben, bald wieder als ein besonderes Glied anzusehen ist, und als solches auf verschiedene Weise aus dem Körper der Axt hervorsteckt. Den zweiten Unterschied macht die Form der Schneide, und die Art, wie sie über das Schaftloch hinaus schmäler oder breiter wird, und wie die scharfe Schneide sich verbreitert, bald in Form eines Kreissegmentes, bald gradlinig.

1. Diese Axt aus der Sammlung Georg Ráth's im Museum scheint eher gegossen als geschmiedet zu sein, denn wir bemerken auf ihrer Oberfläche keine Spuren des Hammers, sondern blos der Feile. Länge 0·148.

2. An dieser Axt sehen wir ebenfalls keine Spuren des Schmiedens; sie steht übrigens den Kupferbeilen dadurch näher, dass das Schaftloch nur einfach am oberen Ende des Werkzeuges sich befindet und kein besonderes Glied bildet. Länge 0·165.

3. Eine Axt, an welcher wir leicht das Schmieden erkennen; das Schaftloch bildet ein besonderes Glied, die Schneide ist gerade, wie bei den jetzigen Aexten, während sie bei anderen Kupferäxten gewöhnlich ein Kreissegment bildet. Länge 0·14.

4. Bei den Aexten finden wir ebenso wie bei den Streithämmern bald kleinere, bald grössere Exemplare. Diese Axt gehört zu den kleineren. Länge 0·11.

5. Aus der Sammlung Georg Rath's mit Spuren des Hämmerns. Länge 0·12.

6. Diese Axt ist ebenfalls zweifellos Schmiedearbeit. Länge 0·13.

Im ungarischen National-Museum sind insgesammt 23 Kupferäxte vorhanden.

XXXIII. *Waffen I.* (S. 77). Die ältere Zeit der menschlichen Civilisation ist auch durch jenen Umstand charakterisirt, dass die Waffen und Werkzeuge sich noch nicht von einander unterscheiden; dasselbe Instrument dient zum Angriff und zur Verteidigung, mit welchem der urzeitliche Mensch den Baum fällte und ihn seinen Bedürfnissen entsprechend umbildete. In Folge dessen ist es bei den Werkzeugen der ältesten Steinzeit schwer zu bestimmen, was Waffe und was Werkzeug ist, und deshalb finden wir auch bei den steinzeitlichen Typen, selbst in der Neolith-Periode keine besonders grosse Mannigfaltigkeit. Als in dem Menschen das Gefühl der Schönheit zu erwachen begann, polirte er seine Werkzeuge, sogar jene aus Silex, sorgfältig ab und gab ihnen eine glatte Oberfläche. Zur Herstellung eines solchen polirten Gegenstandes bedarf es unendlich langer Zeit und vieler Geduld, weshalb auch der Krieger und Jäger diese Geduldarbeit von sich wies und dieselbe den Krüppeln und Schwächlingen überliess, die weder zum Kampfe noch zur Jagd fähig waren. Darauf scheint auch der Umstand zu weisen, auf den mich Professor Reulaux in Berlin aufmerksam machte, dass in allen Mythologien und allen Volkssagen die Götter des Schmiedens Zwerge oder Krüppel sind, von Hephaistos und dem idäischen Daktylen bis zum Schmiede Wieland und den Nibelungenzwergen.

Das Kunstgefühl konnte sich in dieser Zeit nur in der feineren Ausarbeitung äussern. Die Ornamentirung, welche auf einer späteren Stufe der Civilisation eine so bedeutende Rolle spielt und in gewissen Zeiten sich sogar auf jedes noch so kleine Werkzeug erstreckt, erscheint erst am Ende der Neolithperiode, auch dann nur in der einfachsten Form, durch das Ziehen von graden und parallelen Linien. Schmuckstücke kommen kaum vor, wenn wir nicht etwa einige flache unförmliche Bernsteinfiguren als Schmucksachen ansehen wollen. Das Nützliche und Notwendige herrscht über das Entbehrliche; Zierstücke und Schmuck zeigen sich kaum, und das Schönheitsgefühl äussert sich höchstens in der fleissigen Arbeit und geduldigen Ausführung. Dasselbe sehen wir auch noch in der Kupferzeit; die Typen sind anfangs dieselben wie jene der Steinzeit, der Mensch weicht nur langsam von den Traditionen der Steinzeit ab, und die Begriffe der Waffe und des Werkzeuges beginnen sich von einander zu scheiden. Neben Beil und Streithammer, welche noch gleichmässig zum Kampfe und zur Arbeit geeignet sind, entwickelt sich aus dem Messer der Dolch, der an einen langen Schaft befestigt zur Lanze wird, und wenn die Länge des Dolches wächst, zum Schwerte. Dieses ist die logische natürliche Entwicklung, und auf diesem Punkte finden wir auch die Kupferzeit, in welcher Messer, Dolch und Lanzenspitze, die in der Steinzeit in solchen Gegenden, wo der Silex nicht vorkommt, fast gänzlich unbekannt waren, schon viel häufiger erscheinen. Der Mensch gewöhnt sich allmälig, bei den Waffen mehr auf die Schneide als auf das Gewicht sich zu verlassen. Die Formen werden also im Allgemeinen schmäler und handlicher, aber die Ornamentirung, die später hauptsächlich in der Bronzezeit ganz besonders bei Waffen angewendet wurde, fehlt bei den Kupferdolchen noch vollständig. Die Prahlerei und Eitelkeit, die mit den Waffenübungen vorschreitet, und sich in dem Glanze und der Verzierung der Waffen äussert, ist noch kaum wahrnehmbar. Die Hauptaufgabe dieser Periode ist noch immer der Griff, mit dem man sich in der Periode des polirten Steines so viel abgemüht hatte, bevor man von den Beinwerkzeugen die Idee des durchbohrten Schaftloches übernahm, die das Binden mit Fasern und gesponnenen Fäden überflüssig machte.

In der Kupferzeit wurde durch das Schmieden die Herstellung eines jeden beliebigen Fortsatzes ermöglicht, der als Griff dienen konnte; es war leicht in das glühende Metall mittels eines kalten Metallstabes ein Loch zu schlagen, und so war auch das Nieten gefunden. Dieses war die eine Art, auf welche das Metallinstrument mit einem Nagel an den Holz- oder Beinschaft befestigt werden konnte; die zweite Art war ebenso einfach, indem man nämlich den Dolch selbst mit einem dünnen Fortsatze versah, dass er nagelförmig wurde, und in glühendem Zustande sich in dem Holzschafte leicht einbohrte; und damit dieser von ihm nicht hinabgleite, wurde dieser Fortsatz dort, wo er aus dem Holzschafte herausragte, einfach umgebogen.

Neben der Waffe beginnt nun auch die Sichel vorzukommen, welche in ihrer einfachsten Form nichts anderes ist, als ein stark gebogenes Messer, das durch diese Modification geeignet wurde zum Abschneiden der Halme. Es ist schwer zu entscheiden, ob die Spirale eher zum Schmucke oder zur Verteidigung diente. Dieses ist ebenfalls eine Form, die durch das Schmieden leicht herstellbar ist, daher sind auch die Bronze-Spiralen grösstenteils geschmiedet. Nachdem endlich auch das Gold in Ungarn oft gediegen vorkommt, und noch leichter zu schmieden ist, als das Kupfer, so fehlen in der Kupferzeit auch die Goldschmuckgegenstände nicht, in welche man die Verzierung mit dem Puntzen einschlug. Dies gab dem Menschen die Idee der getriebenen Arbeit.

Unsere Zeit, die durch die Errungenschaften der Civilisation so sehr verwöhnt ist, dass sie für jede Arbeit mit den zweckdienlichsten Instrumenten versehen ist, begreift nur schwer jene Geschicklichkeit und Geduld, mit welcher unsere Vorfahren mit Hilfe der einfachsten Werkzeuge die complicirtesten Arbeiten ausführten. Darüber geben die Entdecker des vorigen Jahrhunderts die beste Aufklärung, wenn sie ihre Erfahrungen bei Einwohnern solcher Inseln beschreiben, welche, wie z. B. die Gesellschaftsinseln, sich noch im Steinzeitalter befanden, selbst das Kochen noch nicht kannten, und dennoch auf einer ziemlich hohen Stufe der Cultur standen. Je weniger und einfacher die Werkzeuge des Menschen sind, um so mehr werden sie zu den verschiedensten Zwecken benützt. So wie die Civilisation sich entwickelt, vermehrt sich auch die Zahl und Gestalt der Werkzeuge; und so fand auch das Princip der Arbeitsteilung zuerst darin seinen Ausdruck, dass für jede Arbeit ein anders geformtes Werkzeug benützt wurde. Es war schwer, Mannigfaltigkeit in Steinwerkzeuge zu bringen, besonders in jenen Ländern, wo der feste Feuerstein selten ist, denn dieser ist zwar wegen seiner Dichtigkeit und Härte schwerer zu bearbeiten, bricht aber beim Gebrauche schwerer, selbst dann, wenn er für schmälere Formen geschliffen wurde. In solchen Ländern, wo die kieselartigen Gesteine seltener vorkommen, wie z. B. in Ungarn, wo also ein grosser Teil der Steinwerkzeuge aus weicherem, weniger dichtem und zähem Materiale verfertigt wurde, blieben in dieser Zeit einzelne Formen der Werkzeuge, wie z. B. der Hohlmeissel, gänzlich unbekannt.

Bei den Kupferwerkzeugen ist ebenso wie bei den Steinwerkzeugen die Mannigfaltigkeit der Typen nicht gross, es beginnt sich aber doch schon ein Unterschied zwischen dem Werkzeuge und der Waffe zu zeigen, welche jetzt in Form des Dolches zum ersten Male selbstständig erscheint.

Der Zweck des Dolches ist, dass er zum Stechen diene, also spitz und an beiden Rändern scharf sei. Mit der Zeit wächst seine Länge, bis sich endlich das einfache Schwert aus ihm entwickelt. Der Dolch unterscheidet sich von dem Messer darin, dass er zweischneidig ist, während das Messer nur eine Schneide hat. Wenn aber der Dolch in die Länge wächst, wird er zum Schwerte, das nicht blos zum Stich, sondern auch zum Hieb geeignet ist; andererseits wieder entwickelt er sich zur Lanze, wenn er an der Spitze eines langen Schaftes verwendet wird. Der Dolch ist die einfachste und ursprünglichste Form der Waffe, und selbst die Pfeilspitze ist nichts anderes, als eine verkleinerte Ausgabe des Dolches.

Auf der Insel Cypern begegnen wir ebenso wie in Ungarn schon in der Kupferzeit dem Dolche ziemlich häufig, sowohl dem längeren als dem kürzeren, auch das Schwert und die Pfeilspitze kommen vor, obgleich viel seltener; eine Lanzenspitze aus Kupfer ward bisher nicht gefunden.

Bei dem Kupferdolch lassen sich drei Typen unterscheiden:

Bei dem ersten, den wir S. 77 unter Nr. 2 u. 9 sehen, verbreitert sich die dreieckförmige Klinge allmälig gegen den Schaft zu. Die Mitte ist der ganzen Länge nach durch eine Rippe verdickt, und das untere, wahrscheinlich in ein Holz- oder Beinschaft gehörende Dreieck ist mit Löchern versehen, durch welche ursprünglich Nägel durchgingen, um die Waffe an den Griff zu befestigen. Diesen Formen gleichen auch die einfachsten Bronzedolche, und zwar so sehr, dass der Unterschied zwischen ihnen und den Kupferdolchen oft nur durch die Analyse bewiesen werden kann.

Bei dem zweiten Typus des Dolches, der übrigens bisher nur in einem einzigen Exemplare vorkam, ist auch der Griff der Klinge aus Kupfer, aber so, dass auch dieser mit Holz oder Bein überzogen wurde, wozu fünf Löcher dienen; mit einem Worte, der Kupferschaft ist nur die sogenannte Seele des Dolchgriffes und ragte nur an den

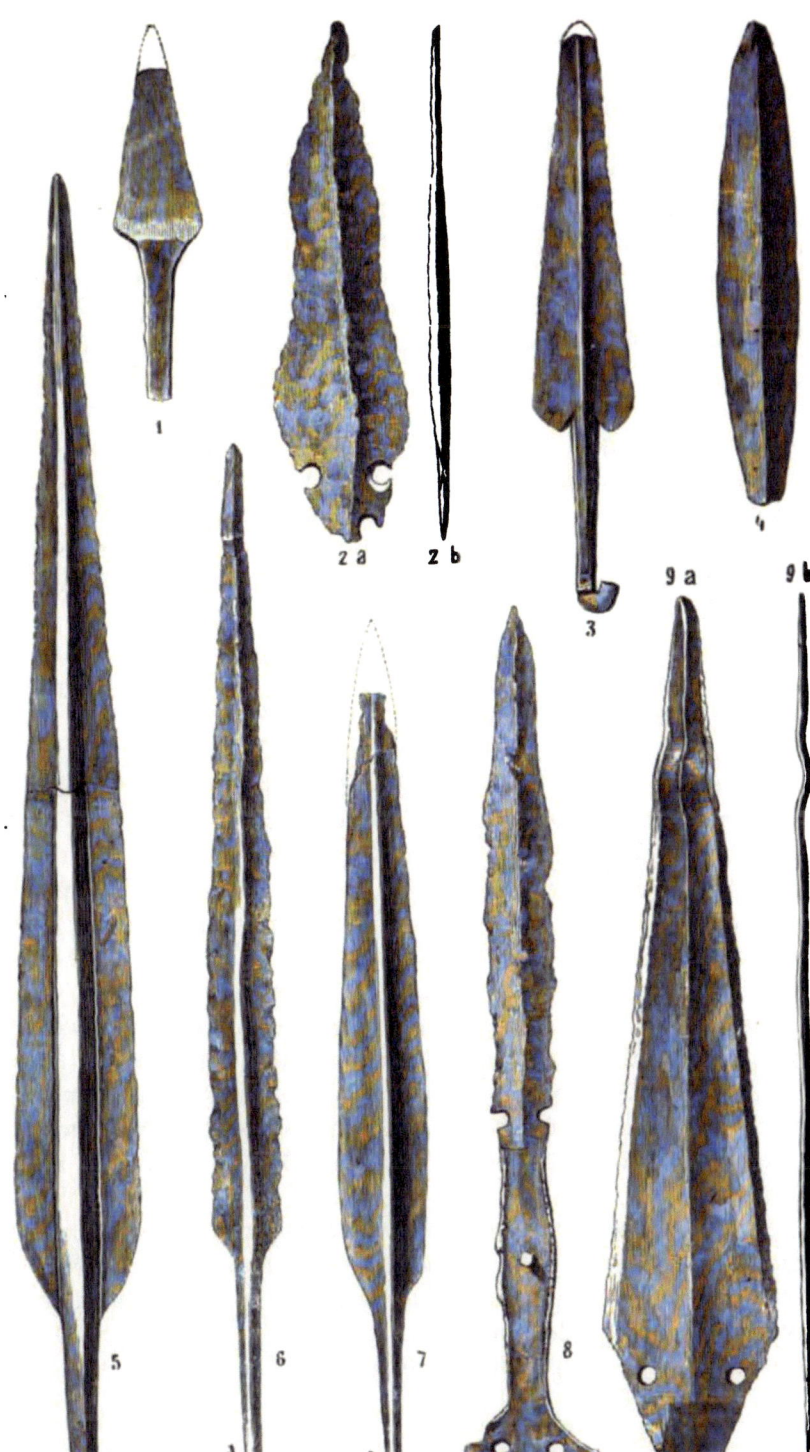

Seiten aus dem Holze, Beine oder Horne heraus, wo er einen erhabenen Saum bildet, der zur Befestigung des Holzes, Beines oder Horns diente. (Siehe Nr. 8.)

Von diesen weicht der dritte Typus des Kupferdolches ab : Nr. 3, 5, 6, 7. Sein Charakteristikon ist die stärkere Entwicklung des Mittelgrates trotz der Schlankheit der Waffe, wodurch sie die Form eines langen Pflanzenblattes gewinnt; der Schaft ist die Fortsetzung der Blattrippe, ein eigentlicher Stengel, der durch den der Länge nach durchbohrten Holz- oder Beinschaft hindurchging und am Ende durch eine Umbiegung an den Griff befestigt wurde. Derartig sind die auf der Insel Cypern gefundenen Dolche, und so auch jene, die bei uns gefunden wurden. Diese stehen in gar keiner Verwandtschaft mit den Typen der Bronzedolche, eine entfernte Aehnlichkeit können wir höchstens zu einigen Lanzenspitzen finden, von welchen sie sich darin unterscheiden, dass die Lanzen zum Aufnehmen des Holzschaftes eine Dülle haben.

Wir kennen nur eine Kupferwaffe, die möglicherweise als Lanzenspitze diente; sie ist unter Nr. 1 mitgeteilt. Die Form ist ganz einfach dreieckig, wie die des Kupferdolches unter Nr. 9, und die Spuren der Hammerschläge bezeugen das Schmieden.

Der unter Nr. 4 mitgeteilte Dolch ist ebenfalls blattförmig, aber seine Rippe hebt sich nicht so charakteristisch heraus, wie bei den Nummern 3, 5, 6 und 7. Da der Fortsatz abgebrochen und verloren ist, wissen wir nicht, auf welche Weise er an den Griff befestigt war. Bei all' diesen Dolchen ist die Klinge sehr dünn und nur die Rippe gibt ihnen einen Halt, eben deshalb verbog sich die Waffe oft beim Gebrauche, wurde aber leicht wieder gerade geschmiedet, wie wir das bei dem Dolche Nr. 9 wahrnehmen können, an dem sowohl die Verbiegung als die Ausgradung sehr gut wahrnehmbar ist.

1. Kurzer Dolch oder Lanzenspitze, gefunden in Duna-Földvár; der Stiel, mit welchem diese Waffe an den Holzschaft befestigt war, ist breit; die Länge inclusive des Stieles 0.087, die Spitze abgebrochen.

2. Dolch, dessen Contour durch Oxydirung zerstört ist; am untern Ende, wo er an den Griff genagelt wurde, sieht man drei Nietlöcher ohne jede Symmetrie, denn das untere Loch ist nicht in der Mitte, um der Rippe des Dolches auszuweichen. Gefunden in Ovcsarszko, in der Nähe von Sillein. Länge 0·135.

3. Dolch mit Stiel und Mittelrippe, ähnlich jenen, welche General Cesnola auf der Insel Cypern aufgefunden hat, kam durch den Antiquitätenhändler Kraus ins Museum, nach dessen Behauptung er zugleich mit drei anderen Kupferdolchen in Csorvás gefunden wurde; alle vier gleichen einander in der Hauptform. Die Spitze ist abgebrochen. Länge 0·145.

4. Dolchklinge, angeblich aus Uj-Szöny, woher mehrere Kupfergegenstände ins Museum kamen, sämmtlich durch den Antiquitätenhändler Kraus. Länge 0·135.

5. Langer weidenbaumblattförmiger Dolch aus dem Csorváser Funde, in der Mitte gebrochen. Dieses ist bisher der grösste Dolch in unserer Sammlung; im Bronzezeitalter finden wir keine Analogie seiner Form. Länge 0·36. Der Stengel ist unten gebrochen, wo er umgebogen war.

6. Dem vorigen ähnlicher schmaler Kupferdolch mit der gewöhnlichen Biegung des Stieles; seine Contouren hat die Oxydirung stark angegriffen; aus dem Csorváser Funde. Länge 0.265.

7. Auch dieser Kupferdolch ist den vorigen zwei Exemplaren ähnlich, mit denen er angeblich zusammen gefunden wurde; die Schneide ist gut erhalten, die Spitze abgebrochen. Länge 0·21.

8. Diesen Dolch fand man in Szent-Gál, in drei Stücke gebrochen. Eigentümlich ist bei ihm der entwickelte Griff, an welchem die Holz-, Bein- oder Hornplatte von beiden Seiten durch fünf Nägel, für welche Nietlöcher durchgeschlagen sind, befestigt war.

9. Breiterer Dolch, ähnlich den Bronzeformen, unten mit drei Nietlöchern; es scheint, dass er oben verbogen war und wieder gerade gehämmert worden ist. Aus der Sammlung Franz Kiss. Länge 0·24. Die Spuren des Schmiedens sind an ihm sichtbar.

XXXIV. *Waffen, II.* (S. 80). Bisher kennen wir nur ein einziges Schwert, das man in der Nähe von Karlsburg in Siebenbürgen fand, und das jetzt im Bruckenthal-Museum in Hermannstadt aufbewahrt wird. Es ist gebogen, wahrscheinlich absichtlich, bevor man es ins Grab legte, wie das bei in Gräbern gefundenen Schwertern aus der Bronze- und Eisenzeit sehr häufig vorkömmt. Wie es scheint, verband man mit dieser Gewohnheit den Gedanken, dass jene Waffe, welche der Verstorbene zu Lebzeiten benützte, Niemandem mehr dienen könne, selbst dann nicht, wenn die Heiligkeit des Grabes verletzt würde.

Dies Schwert, das wir S. 80 unter Nr. 1 nach einer Photographie

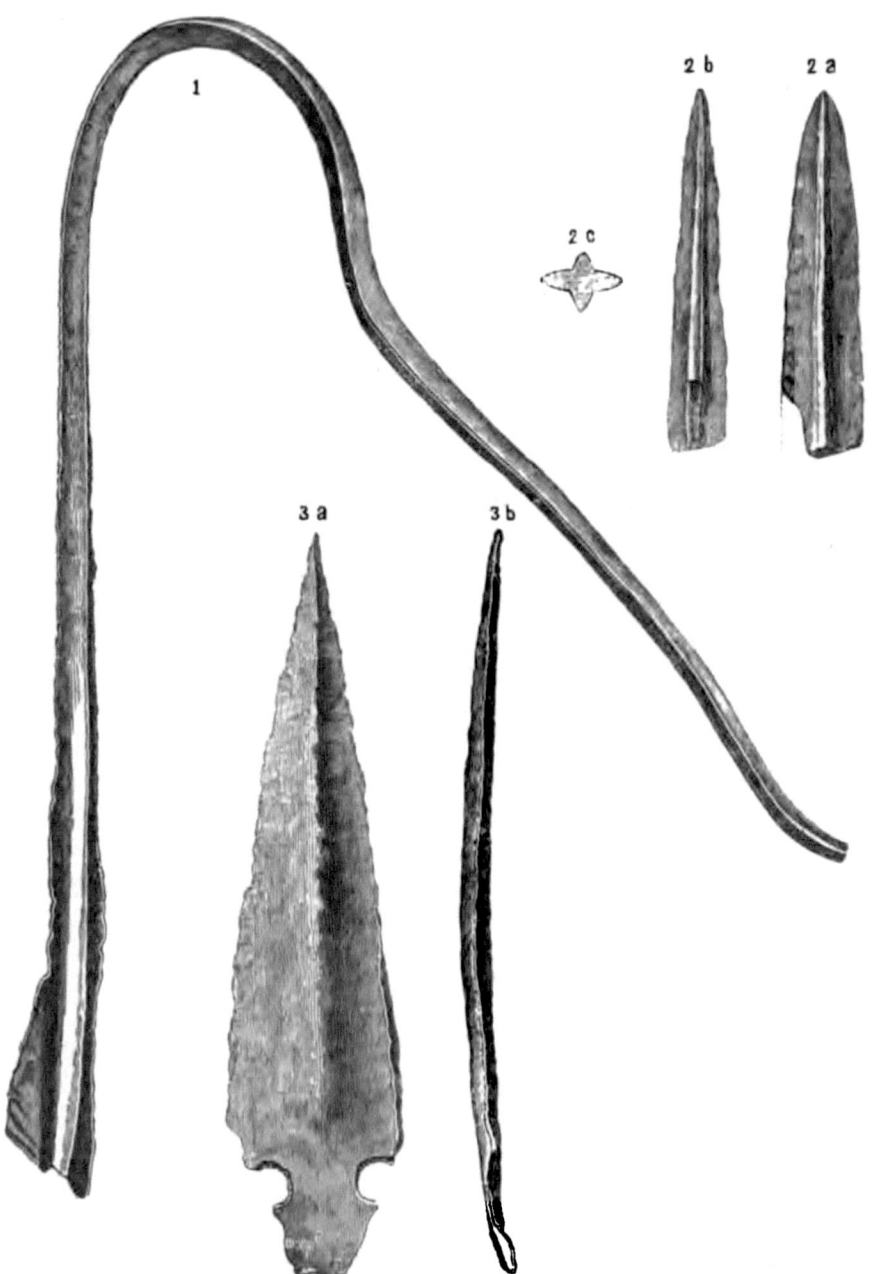

publiciren, weicht in seiner Form sowohl von den Bronze- als Eisenformen ab, und ist vollkommen rapierartig; die Klinge bildet im Querschnitte ein längliches Viereck, denn die Breite ist etwas grösser, als die Dicke; gegen die Spitze zu wird es aber rechtwinklig, während es gegen den Griff zu breiter wird. Die ursprüngliche Form des Griffes und die Art, wie die Klinge an den Griff befestigt war, kennen wir übrigens nicht, da dort die Klinge abgebrochen ist.

Zu diesem Schwerte fand ich im ganzen Altertume keine Analogie; bisher steht es ganz isolirt da; am nächsten würde ihm noch das unter Nr. 2 mitgeteilte Bruchstück kommen, das wahrscheinlich zu einem Dolche gehörte, aber auch die Spitze eines Schwertes sein konnte. Es gehört dem National-Museum. Charakteristisch ist die an beiden Seiten so aussergewöhnlich stark entwickelte Rippe, dass dieselbe im Querschnitte kreuzförmig wurde. Auch dieses Stück gehört zum Csorváser Funde. Länge 0·10.

3. Unter Nr. 3 geben wir einen Dolch aus dem Comitate Pressburg mit zwei grossen Nietlöchern; in der Mitte verflacht sich die Rippe gegen den Griff zu. Länge 0·20.

XXXV. *Verschiedene Werkzeuge.* Auf der Tafel S. 82 geben wir die Abbildungen verschiedener Werkzeuge, welche zumeist im Haushalt benützt wurden.

1. Messer, trotzdem es zwei Schneiden hat, was eigentlich ein Charakteristikon des Dolches ist; die ganze Form mit der kurzen Spitze ist aber zum Schneiden geeigneter, als zum Stechen. Der kurze Schaft ist massiv, möglich, dass er länger war und nur in Folge eines Bruches so kurz ward; er ist verbogen, hat keine Dülle. An beiden Seiten der Rippe sind auch solche Risse sichtbar, wie sie beim Schmieden vorkommen, beim Gusse aber unmöglich sind. Kam durch einen Antiquitätenhändler ins Museum. Fundort unbek.; Länge 0·175.

2. Brustnadel, ähnlich den Bronzenadeln, die wir neben weiblichen Skeletten zu finden pflegen. Mit diesen steckte man die Kleider an der Brust zusammen, bevor die Fibula erfunden wurde, welche in ihrer Urgestalt aus der künstlichen Verbiegung der Nadel entstand. Länge 204 m/m. Fundort unbekannt.

3. Schmaler dünner Randmeissel; der obere Teil, welcher eventuell auch zu einem Schafte verwendet werden konnte, ist etwas breiter, die Schneide schmal; die Form kam blos in diesem Exemplare vor. Länge 0·18.

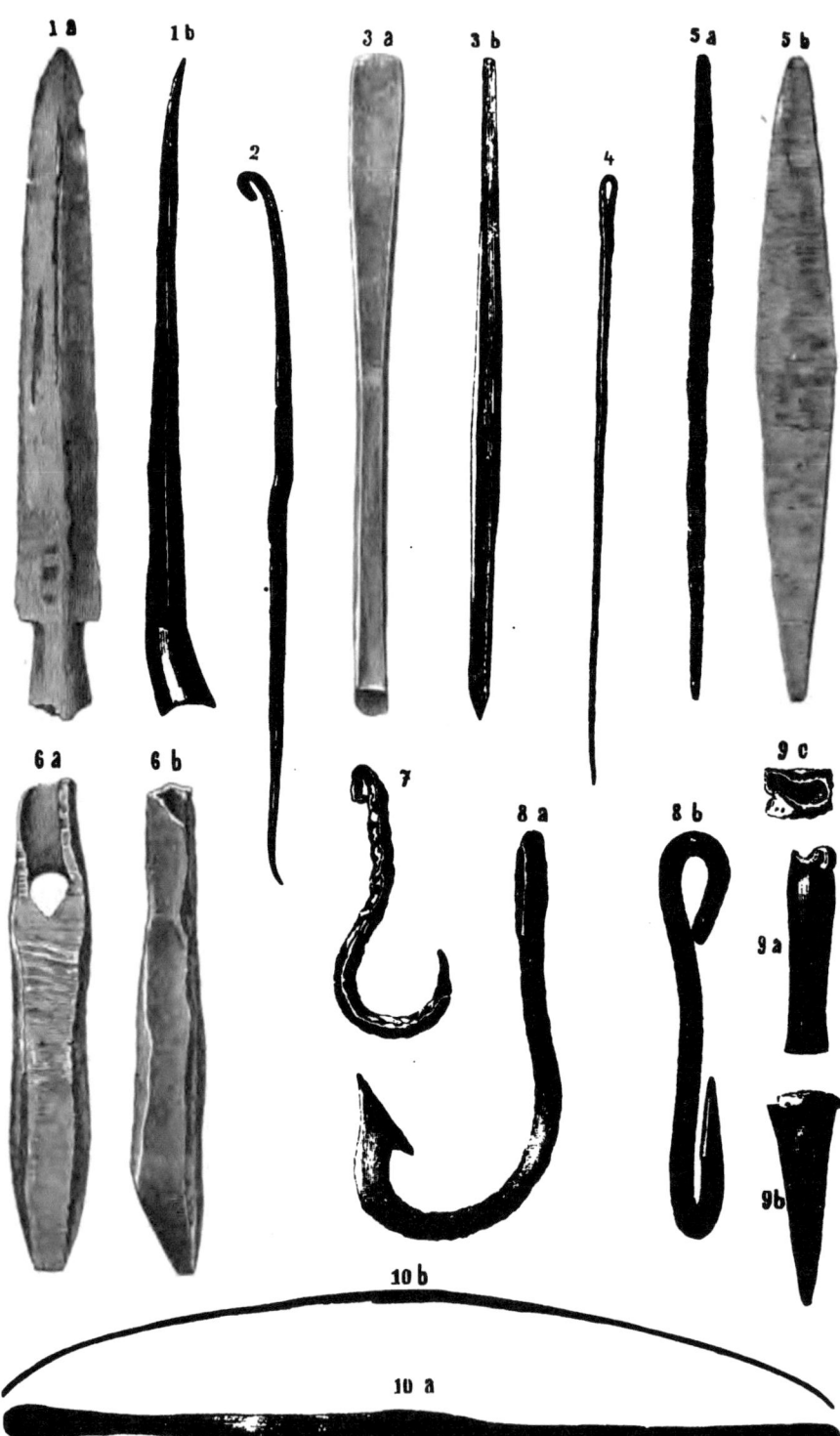

4. In dem Tószeger Hügel, der nach den bisherigen Erfahrungen der Steinzeit angehört, wurde diese Kupfernadel gefunden, deren Oehr dadurch gebildet ist, dass der obere Teil umgebogen wurde. Einziges Exemplar. Länge 0·167.

5. Meisselartiges Werkzeug, das in der Mitte breiter ist, und gegen die beiden Enden gleichmässig schmäler wird; es hat aber keine Schneide, und scheint auch nicht durch Gebrauch abgestumpft. Aus der Sammlung Franz Kiss. Länge 0·175.

6. Sehr roher Meissel, an welchem die Schläge des Schmiedehammers viel deutlicher zu sehen sind, als an irgend einem anderen Stücke. Es ist klar, dass er ohne Guss gleich aus dem gediegenen Kupfer verfertigt wurde. Das Stück des Roherzes war löcherig und wurde beim Schmieden nicht ausgebessert. Es ist dieses das roheste Werkzeug in unserer ganzen Sammlung, und trägt an allen vier Seiten Spuren des Hämmerns. Angeblich in Békás-Megyer ausgeackert. Länge 0·135.

7. Angel, die vielleicht zum Fischen benützt wurde; die Oberfläche ist durch Oxydirung stark verdorben. Aus der Sammlung Georg Rath. Länge 0·07.

8. Aussergewöhnlich grosse Fischangel, die in Altofen gefunden wurde; der obere Theil ist umgebogen, damit er an dem so gebildeten Oehr an die Leine gebunden werden könne. Länge 0·105.

9. Einfacher Celt. Es scheint, dass er nicht auf einen Schaft gesteckt war, denn die Dülle ist durch Hammerschläge ganz zerschlagen. Fundort Békás-Megyer. Länge 0·57.

10. In der Gegend von Miskolcz wurden 1879 siebzehn solche Gegenstände gefunden, wie Nr. 10 hier einen derselben wiedergibt. Nur einige unter ihnen sind gebrochen, doch ist der Bruch alt. Die Länge ist ungleich, das längste Stück 0·24, das kürzesse 0.22. Es ist schwer zu erklären, wozu diese dünnen, langen, in der Mitte und an beiden Enden breiteren Gegenstände gebraucht werden konnten; vielleicht wurden sie als Schmuck auf das Gewand genäht. Selbst ihre Dünne zeigt, dass sie nicht durch Guss, sondern durch Schmieden ihre Gestalt erhalten haben; übrigens ist auch die Spur des Hammers auf der Oberfläche eines jeden Stückes wahrnehmbar.

XXXVI. *Verschidene Gegenstände.* (S. 84). 1. Im Magazin des Museums fand ich vier grosse Spiralscheiben und mehrere dicke Draht-

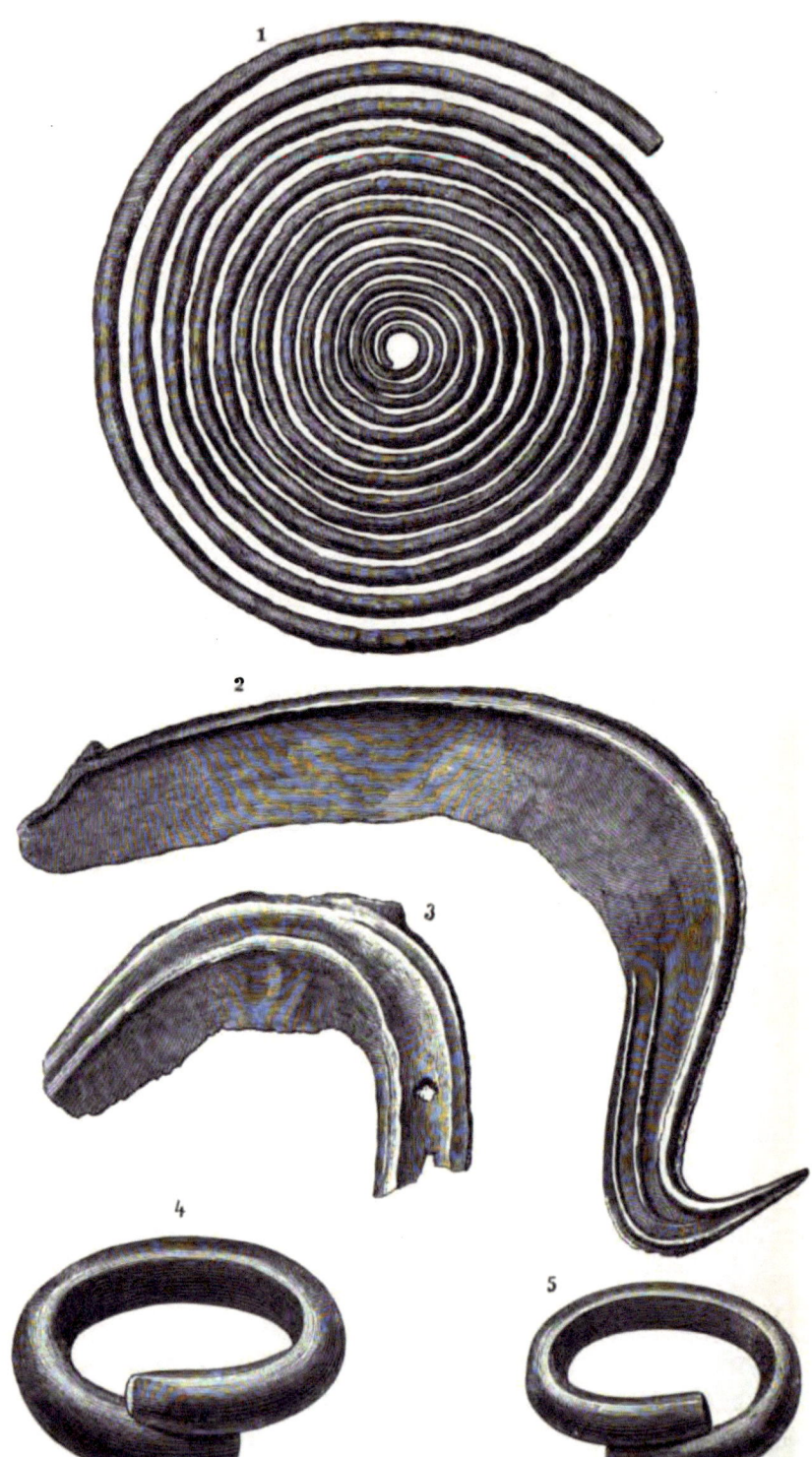

bruchstücke, deren eines in eine kleinere Spiralscheibe endet. Diese gehören jedenfalls einem und demselben Funde an, aber über die Umstände desselben fand ich nichts aufgezeichnet. Die am besten erhaltene Scheibe liess ich zeichnen. Sie bildet 15 Windungen; aber das Ende ist gebrochen, und wir wissen deshalb nicht, ob sie selbstständig war oder durch einen Bügel mit einer zweiten ähnlichen Platte zusammenhing, so wie beim Funde von der «Langen Wand» und Domahida. Durchmesser 0·10.

2. Kupfersichel, die durch Tausch aus der Altertumssammlung der Universität in's Museum gelangte. Die Form ist dieselbe wie jene der Bronzefunde von Szent-Erzsébetfalu und Bodrogh-Keresztur. Sie endigt in einen spitzen Haken, den man leicht in einen Holzschaft stecken konnte. Dieses Stück ist deshalb bemerkenswert, weil am äusseren Rande noch die Gussnaht zu sehen ist, die übrigens weder weggeschnitten, noch weggeschliffen, sondern mit einem Hammer oder Steine niedergebogen wurde. Länge von dem Haken bis zur Spitze 0·23.

3. Diese Sichel gleicht in ihrer Form ebenfalls den Bronzesicheln und war mit einem Nagel an den Schaft befestigt, dessen Nietloch diesen Typus charakterisirt. Ausser dem äusseren Rande hat sie noch eine Mittelrippe, welche sich längs des ganzen Werkzeuges hinzieht. Es ist dies jedenfalls eine ältere und einfachere Form als die vorhergehende. Scharten an der Schneide bezeugen den Gebrauch. Länge 0·12.

4—5. Bei dem Aufschütten der Schutzdämme zum Schutze der Stadt Szegedin kamen längs der Linie Bökény-Mindszent zahlreiche Altertümer zum Vorscheine. Unter diesen befanden sich die unter Nr. 4 und 5 mitgeteilten Kupferarmringe. Bei beiden weicht die Form von den Bronzearmringen darin ab, dass sie viel dicker und massiver sind als diese, und dass die beiden Enden absichtlich übereinander gelegt werden; auch zu diesen Armringen finden wir keine Analogie unter den Bronzearmringen, hingegen sind ihnen die Goldarmringe in den skandinavischen Sammlungen ganz ähnlich. Der Durchmesser der einen ist 0·09, der des andern 0·07.

XXXVII. *Verschiedene Werkzeuge.* (S. 87). 1. Bruchstück eines Randmeissels; der untere Teil ist abgebrochen; im ursprünglichen Zustande wäre wohl dieser der schönste unter allen unseren Randmeisseln gewesen; in der Mitte läuft eine sich regelmässig erhebende

Rippe, an beiden Seiten schmale, schöne Ränder, an welchen man sieht, dass sie mit dem Hammer verfertigt wurden. Länge 0.125.

2. Nicht minder zierlich ist auch dieses Werkzeug, das aus der Sammlung G. Ráth in's Museum kam; ursprünglich wird es wohl ebenfalls ein Randmeissel gewesen sein, doch die Schneide, wie dies aus der Zeichnung Nr. 2 ersichtlich, ward absichtlich platt geschlagen; da dies regelmässig geschehen, müssen wir dieses Abstumpfen für ein beabsichtigtes halten. Länge 0.165.

3. Randmeissel, ebenso zierlich, mit schöner meergrüner, glanzloser Patina. Länge 0·128.

4. Schmalmeissel aus Dorog, ein bei den Kupfergegenständen seltener Typus. Breite und Dicke sind beinahe gleich. Länge 0·105.

5. Schmalmeissel, dem vorigen ähnlich, nur dass die Herstellung eine plumpere ist; die Hammerschläge sind an ihm besser zu sehen; er steckte in keinem Schafte, denn der Kopf ist durch unmittelbare Schläge breit gedrückt. Länge 0·12.

6. Viel plumper ist dieser Schmalmeissel, der oben in eine Dülle endigt, um den Schaft darein zu fügen. An diesem Stücke sieht man genau, dass es geschmiedet war und nicht gegossen; das glühende Kupfer wurde oben zu einer flachen Platte geschmiedet und dann zu einer Dülle zusammengebogen, so wie dies auch jetzt bei den Eisenwerkzeugen geschieht, und wofür wir bei den nordamerikanischen Kupferwerkzeugen zahlreiche Analogien finden. Länge 0·6.

7. Eigentümlich geformter Kupfermeissel, oben schmal, an den Seiten schwach erhobene Ränder; die unverhältnissmässig breite Schneide bildet ein Kreissegment. Aus der Sammlung G. Ráth. In seiner Form steht er unter unseren Kupferwerkzeugen vereinzelt da und ist weder den Bronze- noch den Steintypen ähnlich. Aber unter den Kupfergegenständen von Gungeria in Indien finden sich einige, deren Schneide ebenfalls im Verhältnisse zum Schaft unverhältnissmässig breit wird; doch diese indischen Werkzeuge haben eine viel regelmässigere Form, und sind sorgfältiger gefertigt. Länge 0·13.

8. Der einzige Kupfercelt, der in Ungarn gefunden wurde. Er weicht vollständig von dem bekannten Typus des Bronzeceltes ab, sowohl durch seine Form, die gegen die Schneide zu bedeutend breiter wird, als durch die Art, wie er an den Schaft befestigt war; er hat nämlich kein Oehr, wie der grösste Teil der Bronzecelte, sondern die Dülle war von beiden Seiten durchlöchert, um den Schaft mit-

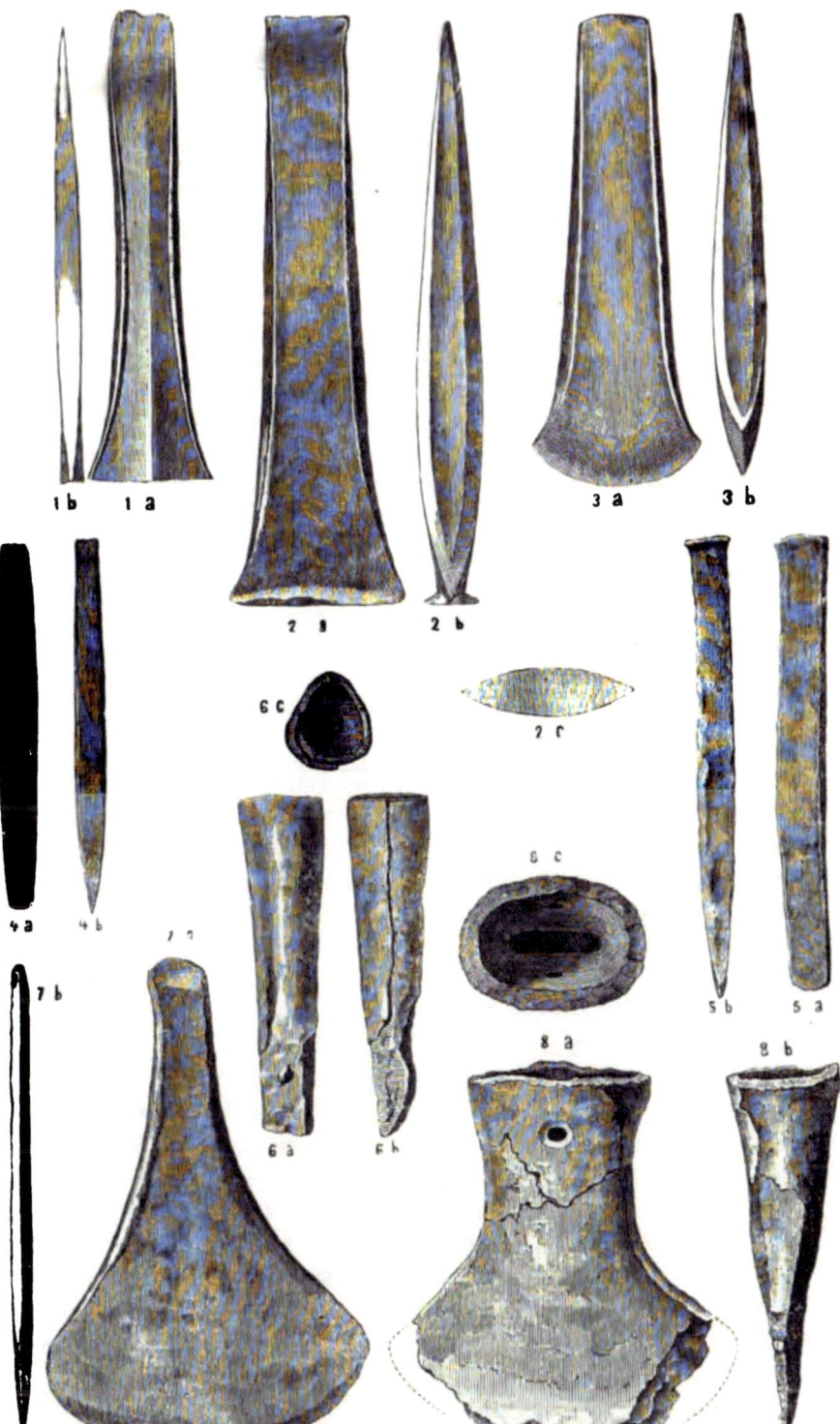

telst eines durchgeschlagenen Nagels an den Meissel zu befestigen. Ein ähnlich geformter aber viel kleinerer Bronzemeissel, der in Irland gefunden wurde, wird im Dubliner Museum aufbewahrt; Worsaae erwähnt einen aus Java; in Europa gehört diese Form zu den allerseltensten. Unser Exemplar ist durch Oxydirung stark angegriffen, so dass die Oberfläche des Kupfers an mehreren Stellen in einer Dicke von 0·0015 abgebröckelt ist. Von einem Antiquitätenhändler, zugleich mit zwei anderen Kupferwerkzeugen von gewöhnlicher Form, gekauft. Fundort unbekannt. Länge 0·95.

XXXVIII. *Spätere Formen der Kupferbeile und Streithämmer.* Die auf der Tafel S. 89 abgebildeten Kupferwerkzeuge weichen in ihrem Charakter von jenen ab, die wir bisher besprachen. Während jene das Gewicht, die Massivität und die Einfachheit charakterisirt, sind diese leichter, dünner und zierlicher. Die Hauptformen sind zwar dieselben, aber die Details sind netter, die Contouren weichen in stärkeren Krümmungen von der geraden Linie ab; mit einem Worte, diese Werkzeuge deuten auf eine spätere Periode der Kupferzeit, als jene, die wir bisher beschrieben haben.

1. Streithammer mit zwei im Kreuze stehenden Schneiden aus Mirhagád. Länge 0·155.

2. Kupferbeil, bei welchem die Spuren des Hammers an mehreren Stellen sichtbar sind. Der Verfertiger hatte besonders darauf Acht, das Werkzeug rings um das Schaftloch zu verstärken, damit es dort nicht breche; deshalb ist dieses Werkzeug beim Schaftloche massiver und breiter. Länge 0·115.

3. Auch bei diesem kleinen Kupferbeile sehen wir rings um das Schaftloch die grösste Verstärkung. Es ist auffallend, dass der Kopf weit mehr benützt worden ist als die Schneide, denn die letztere zeigt keine Merkmale der Abnützung, während der Kopf, als ob er als Hammer benützt worden wäre, oben ganz zerdrückt ist.

4. Dieses Beil weicht von den bisher beschriebenen Kupferbeilen ab und nähert sich in seinen Formen den Streitbeilen aus Bronze, insofern als das Schaftloch über den eigentlichen Körper des Werkzeuges hinaus eine hohe Dülle mit breiterem Rande bildet, was nicht mehr vom Schmieden, sondern vom Gusse zeugt. Das halbkreisförmig sich erweiternde Kopfende trägt auch schon Spuren von Verzierung an sich. Da dieser Typus kein Kupfertypus ist, liess ich dieses Stück, das viel weicher ist als Bronze, und mit der den Kupfergegen-

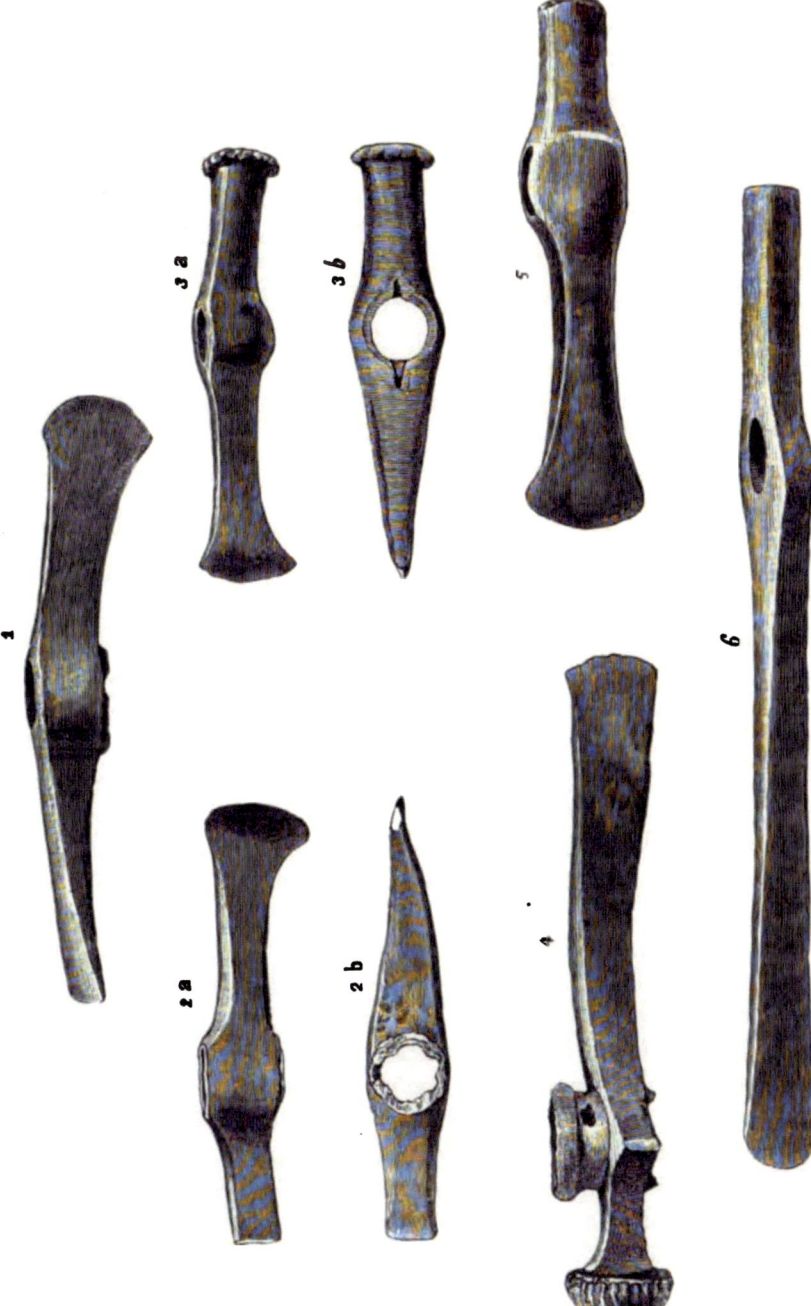

ständen eigentümlichen Patina bedeckt ist, chemisch analysiren, wobei sich erwies, dass sich in diesem ein geringer Percentsatz von Zinn befindet, dass es also aus der Reihe der Kupferinstrumente ausgeschieden werden soll. Wurde in Schemnitz gefunden. Länge 0·175.

5. Auch bei diesem Kupferbeil wächst die Breite rings um das Schaftloch, damit es an der Stelle verstärkt werde, wo es doch am leichtesten brechen könnte. Aus der Sammlung Franz Kiss. Länge 0·103.

6. Streitbeil von aussergewöhnlicher Länge, die in keinem Verhältnisse mit der Dünne desselben steht; es lässt uns in Zweifel, wie es benützt werden konnte. Länge 0·252.

Bei allen diesen Werkzeugen sehen wir nichts mehr, was an die steinzeitlichen Typen und deren Schwere und Unförmlichkeit erinnern würde. Es befinden sich jetzt 19 solche Stücke im ungarischen Nationalmuseum.

XXXIX. *Goldzierscheiben.* (S. 91). Da das Gold noch viel häufiger gediegen vorkömmt als das Kupfer, so ist es natürlich, dass es schon in den ältesten Zeiten die Aufmerksamkeit der Menschen auf sich zog. Obwohl es gediegen in kleineren Stücken vorkömmt als das gediegene Kupfer, wird es doch leicht auch aus dem Gesteine, in welchem es seine Farbe alsogleich verrät, bei reichhaltigen Stücken durch Feuer ausgeschmolzen; seine Herstellung ist daher ebenso einfach und nicht schwieriger, als die des Kupfers. Der Theorie nach geht also jedenfalls das Gold ebenso wie das Kupfer der Bronze voraus. Die Erfahrung widerspricht dieser Ansicht durchaus nicht, doch fanden wir bisher nur in einem Falle einfache plumpe Goldzierstücke zusammen mit Kupferzierstücken. Dieses geschah bei dem «Lange Wand»-Fund, dessen ich weiter oben ausführlich gedacht habe. Dort wurden neben den sechs brillenförmigen Doppel-Spiralscheiben aus Kupfer auch zwei dünne Goldscheiben mit je drei getriebenen Buckeln gefunden, die auf der Scheibe im Dreieck stehen, während eine getriebene rohe Perlen-Verzierung am Rande der Scheibe einen Kreis bildet. Die Arbeit ist in jeder Beziehung primitiv. Da sich im ungarischen Nationalmuseum fünf solche Goldscheiben befinden, welche mit jenen des Wiener Antikencabinetes vollkommen übereinstimmen, geben wir die Zeichnung derselben auf der folgenden Tafel, trotzdem mit diesen kein Kupfergegenstand gefunden wurde, und dieselben zu den sporadischen Einzelfunden gehören. Es ist zu bemerken, dass diese

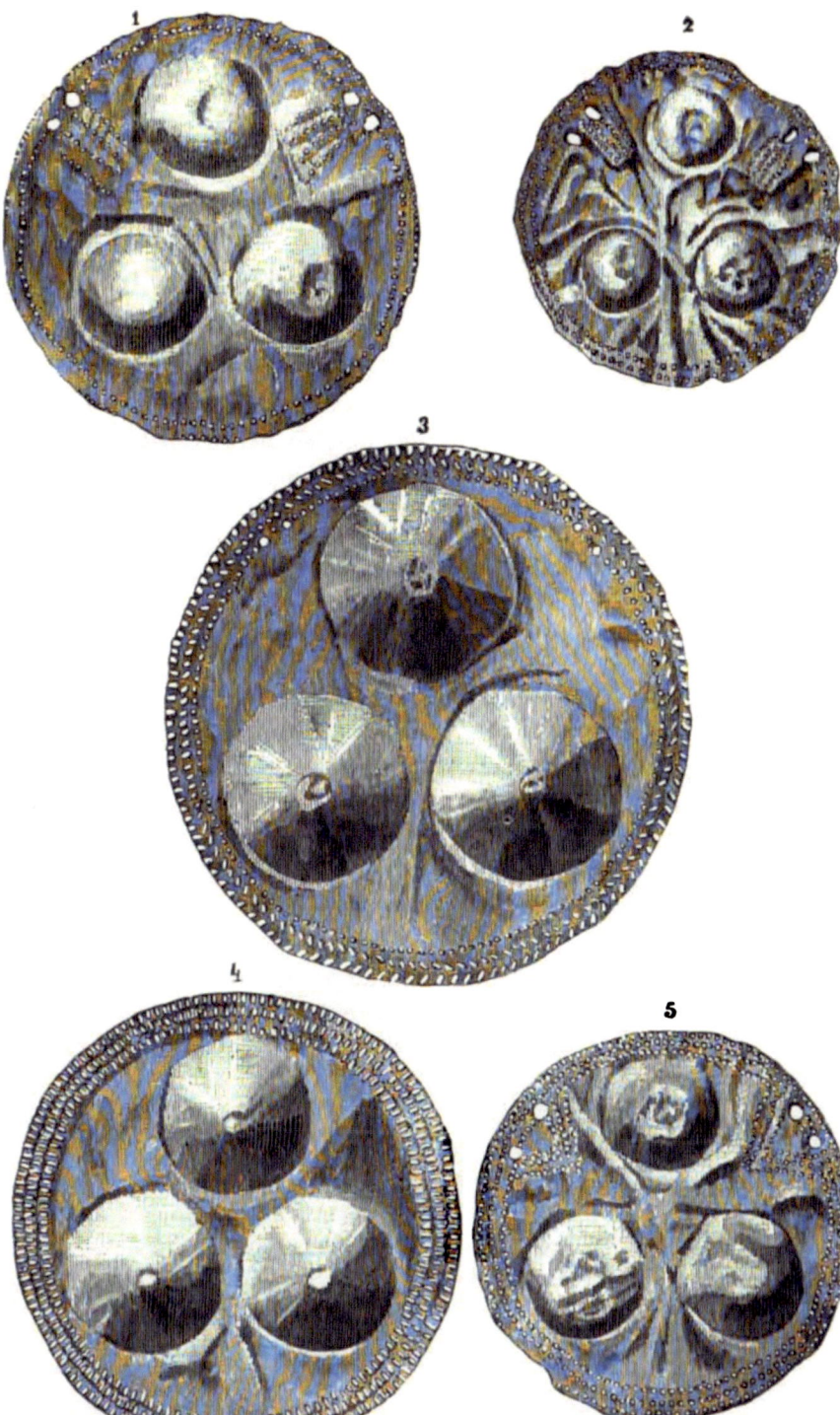

Goldscheiben stets paarweise vorkommen, und an ihrem oberen Teile je zwei Löcher zu sehen sind, welche beweisen, dass sie als Schmuck benützt, auf das Gewand aufgenäht wurden.

Der Durchmesser dieser Goldscheiben ist bei Nr. 1 : 0·106, bei Nr. 2 : 0·29, bei Nr. 3 : 0·143, bei Nr. 4 : 0·123 und bei Nr. 5 : 0·115.

XL. *Zusammenfassung unserer Beobachtungen.* Wenn wir nun all das zusammenfassen, was wir von den Kupfergegenständen im Einzelnen bemerkt haben, so gelangen wir zu folgenden Resultaten :

Kupfergegenstände kommen sporadisch in ganz Europa vor, in Frankreich, Italien, Deutschland und dem skandinavischen Norden, ebenso wie in Irland und in den Pfahlbauten der Alpenseen; diese sind aber fast ausschliesslich einfache Flachmeissel und Keile, und in so geringer Zahl, dass in allen diesen Ländern von einer besonderen Kupferzeit kaum gesprochen werden kann. Hingegen kommen, wie dies der scharfsichtige Keller schon vor dreissig Jahren bemerkte, in Ungarn Kupfergegenstände in solcher Menge vor, dass wir in Betreff des mittleren Donaubeckens kühn behaupten dürften, jene Kupferzeit, welche die Logik nach der Steinzeit und vor der Bronzezeit fordert, welche jeder Præhistoriker anerkennt, obwohl er dieselbe in die unbekannten und bisher undurchforschten Teile des Orients verlegt, habe in Ungarn doch existirt, wo sie unleugbare Spuren hinterlassen hat.

Wir sind nicht im Stande die geographische Verbreitung der Kupfergegenstände genau zu bestimmen, da der südliche Teil des mittleren und untern Donaubeckens, die ganze Balkanhalbinsel, bisher noch nicht der Boden urgeschichtlicher Forschungen war. In Bosnien, Serbien, Rumänien, Bulgarien, Albanien, Macedonien, an den nördlichen und südlichen Abdachungen des Balkans sind præhistorische Studien noch immer unbekannt; wir können daher nicht wissen, zu welchem Resultate die Præhistorik dort mit der Zeit kommen dürfte. Bisher ist nur soviel sicher, dass auf dem ganzen Gebiete von Ungarn, von Pressburg und Kroatien bis nach Maros-Vásárhely überall, sowohl in den gebirgigen Gegenden wie in der Ebene zahlreiche Kupfergegenstände vorkommen; dass wir daher vollberechtigt sind, für Ungarn ein besonderes Kupferzeitalter aufzustellen, dessen Grenze nach Norden und Osten die Gebirgskette der Karpathen bestimmt, das nach Westen über die politischen Grenzen Ungarns hinaus nach Oesterreich in die Alpengegenden hineinreicht und dort bis zu den fernsten Alpenketten verfolgt werden kann, über die hinaus wir aber nur geringe Spuren desselben finden; gegen Süden hin kann bisher von einer Grenze noch nicht gesprochen werden, denn die Gegend jenseits der Save und Donau ist in urgeschichtlicher Beziehung noch eine terra incognita. Die Belgrader und Bukarester Museen sind noch sehr primitiv und das Interesse der Südslaven hat sich bisher noch nicht auf die Præhistorik erstreckt; es ist deshalb noch nicht an der Zeit, schon jetzt die Grenze der Verbreitung der Kupfergegenstände zu bestimmen; nur soviel müssen wir bemerken, dass auf der Insel Cypern, deren Namen mit der lateinischen und deutschen Benennung des Kupfers verwandt ist, die Gestalt der Kupferwaffen identisch mit den ungarländischen Kupfertypen ist; die Annahme eines alten Zusammenhanges dieser Länder wäre daher nicht grundlos.

Die Kupfergegenstände, die in Ungarn gefunden wurden, weichen von der Gestalt der Bronzegegenstände ab. Selbst jene Flach- und Randmeissel, welche mit den Bronzemeisseln eine gewisse Verwandtschaft zeigen, sind doch im allgemeinen dicker und massiver; eine solche Verschwendung des Metalles widerspricht daher der Hypothese, dass diese Werkzeuge in Zeiten temporären Mangels des Zinnes in der Bronzezeit verfertigt worden wären. Es ist übrigens zu bemerken, dass bei den Kupfermeisseln der Uebergang vom einfachen Flachmeissel, der sich vom polirten Steinmeissel nur darin unterscheidet, dass er aus Metall und nicht aus Stein, und dass er geschmiedet und nicht polirt ist, zum Randmeissel mit Schaftlappen sich Schritt für Schritt, als natürliche Folge des Schmiedens nachweisen lässt, während ein solcher Uebergang bei den gegossenen Bronzemeisseln durch nichts motivirt werden kann.

Die Typen der Kupfergegenstände sind weniger mannigfaltig als jene der Bronzegegenstände; einige, wie die Flachmeissel und Beile, schliessen sich so sehr an die Formen der Steinzeit an, dass sie deren vollkommene Ebenbilder werden. Es gibt ferner solche Kupfertypen, die weder mit den Formen der Steinzeit noch mit jenen der Bronzezeit verwandt sind und der Kupferzeit ganz eigentümlich angehören. Solche sind die Axt, der Streithammer mit den zwei im Kreuze stehenden Schneiden, die grosse Keilhaue und der lange dünne viereckige Flachmeissel. Charakteristisch endlich ist bei den Kupfergegenständen das Schaftloch, das dem Bohrloch der grossen

Steinkeile gleicht, während in der Bronzezeit ähnliche Schaftlöcher nicht vorkommen.

Die Kupferwaffen gehören ebenfalls zu den Eigentümlichkeiten dieser Periode und gleichen den Waffen der Bronzezeit in gar Nichts. Der Dolch ist viel schmäler und in Bezug auf den Griff ganz abweichend; bei den Kupferwaffen ahmt er als Fortsetzung der Klingenrippe den Stengel eines Baumblattes nach, den man wahrscheinlich glühend durch den Holzschaft stiess und sein Ende umbog, damit der Holzschaft nicht von ihm herabgleite.

Charakteristisch ist ferner bei den Kupferwerkzeugen und Waffen, dass an ihnen keine Ornamentirung, auch nicht die einfachste Einkerbung vorkömmt, wenn man nicht etwa die zwei, drei, fünf oder sechs Punkte an jenen Kupferstreithämmern, welche den durchbohrten Steinkeilen gleichen, für Verzierungen nimmt. Charakteristisch ist weiters die ausserordentliche Seltenheit der Schmuckgegenstände, der Ringe und Armbänder; Ohrringe und Brust- oder Gürtelzierstücke fehlen gänzlich.

Sämmtliche Kupferwaffen und Werkzeuge, mit Ausnahme einer einzigen Sichel, an der die Gussnaht noch wahrnehmbar ist, verdanken ihre Form dem Schmieden, was nicht ausschliesst, dass diese Werkzeuge aus gegossenen Kupferkuchen geschmiedet wurden. In Szegedin wurde ein solcher gegossener Kupferkuchen gefunden. Da nun die Eisenwerkzeuge und Waffen ebenfalls durch das Schmieden hergestellt wurden, gibt es Formen, welche von einer scheinbaren Verwandtschaft der Kupfer- und Eisengegenstände zeugen, was bei vielen Archäologen die Ansicht veranlasste, dass die Kupfer-Werkzeuge und Waffen der Bronzezeit nicht vorhergegangen sind, sondern aus der Endperiode derselben und dem ersten Auftreten des Eisens stammen. Gegen diese Ansicht berufen wir uns auf die unleugbare Verwandtschaft der Kupferkeile mit den durchbohrten Steinkeilen und auf den Umstand, dass unter jenen Formen, welche von den Bronzetypen vollständig abweichen, und deshalb als eine Eigentümlichkeit der Kupferzeit betrachtet werden können, nur wenig solche vorkommen, denen wir auch in der Eisenzeit begegnen. Wir legen hier ein besonderes Gewicht darauf, dass die weidenblätterartige Gestalt der Kupferdolche in der Eisenzeit unbekannt ist; wenn wir aber die Verfertigung der in Ungarn gefundenen Kupferwerkzeuge und Waffen in die späteste Bronzezeit, in den Beginn der

Eisenzeit versetzen, wäre es nicht erklärlich, warum die Form des Kupferdolches vollkommen von den Formen sowohl der Bronze- als der Eisendolche abweicht, während die Eisendolche und Lanzenspitzen von den Bronzetypen nicht abweichen.

Die eigentümlichen Typen der Kupferzeit, welchen wir in ganz Ungarn begegnen, sind überall identisch; die in Croatien, in Comitate Varasdin zum Vorschein gekommenen Aexte unterscheiden sich nicht von jenen, deren Fundort Marosvásárhely ist, was zum genügenden Beweise dient, dass die Herstellung der Kupferwerkzeuge nicht aus dem Umstande erklärt werden kann, dass es Zeiten gab, in welchen Kriege den gewöhnlichen Handelsweg unterbrachen und die Einfuhr des Zinnes unmöglich machten, welches zur Herstellung der Bronze notwendig war, dass also in solchen Zeiten wegen des zeitweiligen Mangels an Zinn nur Kupferinstrumente verfertigt werden konnten. Es konnte auch unserer Aufmerksamkeit nicht entgehen, dass selbst in solchen Fällen die grosse Zahl der zerbrochenen, durch Gebrauch abgestumpften und verdorbenen Werkzeuge, die noch jetzt in den Resten der urzeitlichen Gussstätten unser Erstaunen erregen, genügendes Material geboten hätten zum Gusse der notwendigen neuen Werkzeuge und Waffen, ja gegenüber der erwähnten Hypothese können wir uns auch darauf berufen, dass Denkmäler der Kupferzeit nicht gegossen, sondern geschmiedet, also ebenso durch die Art ihrer Herstellung wie durch ihre Formen von den Bronzeinstrumenten verschieden sind.

Auf die Frage, wie lange die Kupferzeit gedauert habe, können wir keine Antwort geben; nur soviel dürfen wir bemerken, dass während derselben einige plumpere, schwerere Formen sich in leichte, handliche verändern, welche jedenfalls eine spätere Zeit und eine entwickeltere Industrie kennzeichnen, dass also die Kupferperiode mehrere Menschenalter hindurch dauerte, denn in den urgeschichtlichen Zeiten nahm jeder Forstschritt viel Zeit in Anspruch; die Spiralscheiben reichen wahrscheinlich schon in die Bronzezeit hinein.

Bis wir aber nicht irgendwo im Lande ein Grabfeld oder wenigstens ein einzelnes Grab aus der Kupferzeit aufdecken, werden unsere Beobachtungen über die Kupferzeit in Ungarn stets mangelhaft sein. Urnen-Grabfelder aus jener Zeit, wo man die Verstorbenen verbrannte, sind bei uns ziemlich häufig, aber ein Grabfeld von grösserer Ausdehnung aus jener Periode der Bronzezeit, wo das Begraben vorherrschte, ist bei uns kaum zu finden, obgleich einzelne Gräber schon öfters, so z. B. jenes von Istenmező, sich durch den Reichtum und die Menge der Fundstücke auszeichneten. Ein solcher Fund aus der Kupferzeit ist bisher unbekannt, ja wir fanden bisher nicht einmal eine kupferzeitliche Niederlassung, daher können wir auch nicht davon sprechen, wie es um die Thonindustrie in jener Zeit stand, in welcher man die häuslichen Werkzeuge und Waffen aus Kupfer verfertigte, ob etwa die Thongefässe und eventuelle Verzierungen derselben den Verzierungen und Formen der Thonwaaren aus der späteren Bronzezeit ähnlich waren, oder ob sie sich eher den einfacheren Formen der Steinzeit anschlossen.

In Ermangelung eines zwingenden Beweises sind wir genötigt, neben dem positiven Zeugnisse der sporadischen Funde auch die negativen Argumente vorzubringen, welche auf die Civilisation der Kupferzeit ein Licht werfen können, indem wir auf jene Gegenstände aufmerksam machen, welche bisher in Kupfer nicht vorkamen. Wir kennen die Schwäche einer solchen Beweisführung und wissen, dass irgend ein zufälliger Fund dieselbe auf einmal aus den Angeln heben kann; wir erinnern uns jenes neapolitanischen Archæologen, der in einer gelehrten Dissertation bewies, dass die Römer keine Glasfenster kannten, und in derselben Woche, in der seine Dissertation erschien, deckte man in Pompeji das erste Glasfenster auf, das seine ganze gelehrte Arbeit zunichte machte. Soviel können wir aber dennoch behaupten, dass an den mehr als vierhundert Kupfergegenständen, die wir kennen, keine Spur von Ornamentation gefunden wird, was übrigens auch mit der Einfachheit der Formen übereinstimmt, welche mit den Typen aus der Zeit des polirten Steines verwandt sind, bei denen wir auch ihre Analogien finden. Der vollständige Mangel an Verzierungen ist übrigens auch aus der Herstellungsweise der Kupfer-Werkzeuge und Waffen erklärlich. Bei dem Gusse ist es leicht, in das Thonmodel eine Linearverzierung einzudrücken, wie sie z. B. bei den Bronze-Celten, Lanzenspitzen und Sicheln so häufig vorkömmt; aber das Schmieden, dem doch die Kupfergegenstände ihre Form verdanken, schliesst die erhabene Verzierung gänzlich aus, die vertiefte konnte nur durch das Einschlagen mit dem Punzten oder durch das Graviren mit dem Grabstichel hergestellt werden. Bei den wenigen Goldschmucksachen, die im «Lange Wand»-Fund mit den Kupferspiralscheiben beisammen gefunden wurden, ist die primitive unregelmässige Ornamentirung, die in ihrer plumpen Einfachheit in einem besonderen Gegensatze zu dem wertvollen Materiale steht, mit dem Puntzen eingeschlagen; ebenso auf jenen verwandten Scheiben, die in Ungarn gefunden wurden. Ausser diesen, welche wahrscheinlich auf ein Kleid aufgenäht waren, wurde kein anderes Schmuckstück in Kupfer gefunden, nur in Tordos ein dicker Spiralring, der dreimal um den Finger gewunden war, und ein ganzes Glied desselben vollständig bedeckte, und zwei dicke Armringe, die durch das einfache Umbiegen eines runden Kupferstäbchens verfertigt wurden, daher überall gleich dick sind. In neuester Zeit gelangten fünf einfache Halsringe ins National-Museum.

Vollständig fehlen aber bisher die Kupferfibula und die Kupferschnalle.

Die Fibula ist bekanntlich eine Entwickelung der Nadel, welche durch die Umbiegung derselben entsteht und sie ersetzt; sie setzt Kleider aus gewebter Wolle voraus und dient dazu, zwei Enden derselben, wo sie zusammentreffen, zusammenzuheften. Wo wir das Knopfloch anwenden, dort benützten die Alten vorzugsweise die Fibula, denn das Knopfloch reisst, wenn es nicht eingesäumt ist, sehr schnell entzwei, und der Saum, besonders der Knopfloch-Saum, ist erst die Erfindung einer viel späteren Zeit. Die Fibula, deren Dorn dünn, lang und spitzig ist, um das Tuch, welches sie kräftig zusammenhält, nicht stark zu durchlöchern, setzt schon die Kunst des Webens voraus; als man dieselbe benützte, bekleidete man sich nicht mehr mit dem Felle der erlegten Tiere. Durch die ganze Bronzezeit wurde diese Art der Gewandnadel am häufigsten gebraucht, man heftete das Frauenkleid an den beiden Schultern zusammen, und deshalb wird in Frauen-Gräbern der Bronzezeit die Fibula, manchmal in grösserer Gestalt, stets aber paarweise ober dem Schulterknochen vorgefunden. In Männergräbern finden wir ebenfalls die Fibula, aber auf der Brust, wo sie das Kleid oder den Mantel zusammenhielt.

Ein Kind der Eisenzeit ist die Schnalle, die einen gegerbten Ledergürtel, d. h. einen Riemen voraussetzt. So wie das Lederkleid und der Riemen in Gebrauch kommen, erscheint auch die Schnalle, die man in der Bronzezeit noch nicht kannte. Die Schnalle ist also der leitende Typus der Eisenzeit und wo wir sie finden, können wir mit Sicherheit auf die späteste Periode der Urgeschichte schliessen. Die Schnalle schloss aber den Gebrauch der Fibula nicht aus, und diese beiden Formen waren Jahrhunderte lang neben einander in Gebrauch. Selbst wegen des Vorkommens der Schnalle konnte man die kaukasischen Bronzefunde, die in neuerer Zeit soviel Lärm machten, in die Eisenzeit einreihen, wenn auch das Email nicht ebenfalls einen späteren Ursprung beweisen würde. Wenn man also eine Kupferschnalle mit Kupferwerkzeugen u. Waffen beisammen finden würde, dann müssten wir natürlich eingestehen, dass die Kupferzeit in Ungarn, wie dies einige Gelehrte, ohne dass sie sich bemühen würden, ihre Ansicht auch zu beweisen, noch immer behaupten, mit der Eisenzeit enge verwandt ist und nur eine untergeordnete Periode der Bronzezeit sei, wofür sie der gelehrte Unsedt hält. Bisher gibt es aber keine Spur einer Schnalle unter den Kupfergegenständen, ja nicht einmal die Spur einer Fibula findet sich vor, wo doch die Spiralscheiben, welche in Kupfer aus den Exemplaren des Wiener, Züricher und Budapester Museums bekannt sind, der Draht-Scheibenfibula so nahe stehen, dass wir uns gar nicht wundern würden, wenn solche auch aus Kupfer verfertigt worden wären.

Ebenso wie das Fehlen der Schnalle die Kupferzeit von der Eisenzeit entfernt, so führt das Fehlen der Fibula die Kupferzeit hinauf zur Steinzeit. Die Fibula, die aus Stein oder Bein nicht herstellbar ist, war erst eine Erfindung der Bronzezeit; sie setzt eine viel höhere Civilisation und eine andere Art des Gewandes voraus als die Steinzeit. Diese Behauptung würde dadurch nicht geschwächt werden, wenn man dennoch irgendwo eine Kupferfibula ausgraben würde, denn ebenso wie die Steinpfeile, Steinkeile und Steinbeile selbst in der Bronzezeit nicht aufhören und sogar noch in geschichtlichen Zeiten neben Eisenwaffen in Gebrauch bleiben, so hörten auch die Kupfergegenstände in der Bronzezeit nicht vollständig auf, wie wir dieses beim Funde von Domahida erfahren, wo unter den Resten einer Gussstätte aus der Bronzezeit eine brillenförmige Doppelspiralscheibe verbogen und gebrochen ausgeackert wurde. Der mittlere Bügel dieses Scheibenpaares führte die deutschen Archæologen bei den verwandten Bronzeexemplaren zu der Vermutung, dass dieselben Gürtelhaken sein könnten; aber Prof. Rud. Virchow, der bei der Beschreibung des Grabfeldes von Koban[1] in Kaukasien, über diesen

---

[1] Das Gräberfeld von Koban im Lande der Osseten im Kaukasus. Eine vergleichende archaeologische Studie von Rudolf Virchow. Mit einem Atlas in 11 Tafeln. Berlin A. Ascher et Co. 1883. pag. 45—48.

Gegenstand mit grosser Sachkenntniss berichtet, kam dennoch zu der Ueberzeugung, dass die bisherigen derartigen Funde in Bezug auf die Verwendung solcher Scheiben stumm bleiben; ja er findet sogar, dass die grösseren und schwereren Exemplare zu Gürtelendstücken nicht geeignet wären, denn ihre lange gerade Gestalt würde einen unangenehmen Druck auf den Magen ausüben.

Aus all' diesem können wir also die Ueberzeugung schöpfen, dass die Kupferzeit in Ungarn unmittelbar auf die Steinzeit folgte, aus ihr sich entwickelte, ihr die ersten Formen entlehnte, die sie dann später in verschiedener Richtung weiter entwickelte; dass sie ferner der Bronzezeit vorausgeht, die nach dem Zeugnisse der Denkmäler ganz neue, fremde, weder mit der Steinzeit noch mit der Kupferzeit verwandte Formen einführte, also mit einem neuen einwandernden, erobernden Volke nach Europa kam.

Die Benützung des Goldes kam wahrscheinlich in der Kupferzeit in Gebrauch. Es gewann seine verschiedenen Umgestaltungen, ebenso wie die Kupfergegenstände durch das Schmieden und nicht durch den Guss, die Zähigkeit desselben lehrte die Menschen die Technik des Treibens und die Herstellung getriebenen Schmuckes und getriebener Gefässe. Auch in der Bronzezeit wurden viele Gefässe nicht durch den Guss sondern durch Hämmern verfertigt, während sie sonst eine Periode des Gusses, die Eisenzeit abermals eine Periode des Schmiedens ist.

Nachschrift. Als diese Monographie schon unter der Presse war, erhielt ich das vortreffliche Werk von Victor Gross,[1] in welchem er seine aus den Pfahlbauten des Sees von Bienne und Neufchatel zusammgebrachte Sammlung mit jener Genauigkeit und jenem Scharfsinne beschreibt, die wir schon aus den früheren Werken dieses Gelehrten hinreichend kennen. Seite 21 und ff. spricht er folgendermassen von den Kupferdenkmälern:

«Die Kupfergegenstände, die in unseren Seen gefunden wurden, erhielten erst seit Auffindung des Feniler Pfahlbaues eine gewisse Wichtigkeit. Vorher lieferten zwar schon einige Ortschaften — Sutz,

---

[1] Les protohelvêtes ou les premiers colons sur les bords des lacs de Bienne Neuchatel avec preface de M. le prof. Virchow par Victor Gross. Docteur en mèdecine. Berlin. Librairie A. Ascher et Co. 1883.

Latrigen, Gérofin — einige Stücke in Kupfer, aber ihre Zahl war zu gering, als dass man aus denselben irgend einen wertvollen Schluss hätte ziehen können.

Die Feniler Niederlassung, von der bisher kaum ein Drittel ausgegraben ist, lieferte bisher schon mehr als dreissig Gegenstände aus reinem Kupfer, und weitere Grabungen werden sicher noch eine weitere Anzahl liefern.

Auf Tafel X. habe ich sämmtliche Kupferobjecte aus meiner Sammlung und einige aus dem Berner Museum zusammengestellt. Es sind dieses grösstenteils kleine Dolche, die nach der Form der Silexdolche verfertigt wurden; so z. B. zeigt das unter Nr. 27 mitgeteilte Exemplar eine auffallende Aehnlichkeit mit den auf Tafel V. mitgeteilten Silexdolchen; einige sind schon unten durchlöchert, damit die Kupferklinge an den Holzgriff befestigt werden könne.

Man fand hier auch mehrere Meissel, deren grösster 15 c/m lang ist, und kleine Pfrieme, von denen einige in einen Beingriff eingefügt waren, Perlen für eine Halskette, eine kleine gehämmerte Scheibe mit Löchern zum Annähen an irgend ein Kleidungsstück, endlich einen merkwürdig geformten, nicht vollendeten breiten Meissel, der offenbar einer der ersten Versuche der Metallarbeiten in der Kupferzeit war.

Der merkwürdigste Gegenstand, der bisher unter den Seefunden ganz vereinzelt dasteht, ist ein aussergewöhnlich grosses Doppelbeil aus reinem Kupfer, das im Jahre 1879 auf der neuen Niederlassung von Locras gefunden wurde. Die Länge 42 c/m, das Gewicht grösser als 3 k/g. In der Mitte ist es dicker, wird gegen die beiden Enden zu breiter und bildet eine 12 c/m breite kreissegmentförmige Schneide.

Dieses Beil ist in der Mitte mit einem Loche von 6 m/m Durchschnitt durchlöchert; die Oeffnung ist zu klein, um für einen Schaft benützt werden zu können, und ist wahrscheinlich, nur der Anfang eines grösseren Schaftloches. Das ganze Beil scheint gehämmert, und da die beiden Schneiden stumpf sind (5 m/m breit), war es noch nicht fertig. Es wäre übrigens nicht unmöglich, dass es dennoch als Schlagwaffe benützt wurde, denn an demselben Orte fand ich auch ein durchbohrtes Steinbeil, das an allen Seiten polirt war und dessen Schneide denselben Character hatte.

Ob dieses Beil dazu bestimmt war, nach Art unserer Beile zum täglichen Gebrauche auf einen Schaft getrieben zu werden?
Ich zweifle daran! Es ist auch nicht natürlich, zuzugeben, dass beim ersten Gebrauche des Metalls in unserer Gegend das von mir beschriebene Beil in solcher Grösse als Werkzeug verfertigt wurde, da man aus derselben Quantität des Metalls hundert kleine Waffen und Werkzeuge hätte herstellen können. Es war dieses eher eine Luxuswaffe, das Abzeichen irgend eines Führers oder ein Commandostab.

In Bezug auf den Ursprung ist es wahrscheinlich, dass dieses Beil nicht dort gegossen wurde, sondern aus einem solchen Lande importirt worden ist, wo das Kupfer nicht so selten war wie an den Ufern unserer Seen. Diese Hypothese ist um so zulässiger, als man auch anderswo solche beilähnliche gegossene Barren fand — freilich in Bronze, — die zu den Einrichtungsstücken eines wandernden Erzgiessers gehörten; dieselben sind ebenfalls durchlöchert und gleichen in Bezug auf Gewicht und Dimension ungefähr unserem Beile. Die Abwesenheit der Schneide und der Umstand, dass ein Riemen leicht durch das Mittelloch gezogen werden konnte, erleichterte den Transport; solche Beile wurden entweder verkauft oder eingetauscht, um an Ort und Stelle zu verschiedenen Werkzeugen umgegossen oder zu Waffen geschmiedet zu werden.»

Demgemäss bekräftigen auch die Erfahrungen des Herrn Gross dasjenige, was ich von der Kupferzeit behauptet habe.

INHALT.

		Seite
I—XI.	*Einleitung:* 1. Kupferzeit in Irland. Wilde. — 2. Kupferzeit in Ungarn. Keller und Rómer. — 3. Lubbock und Sacken. — 4. Der Congress zu Stockholm. Francks. — 5. Kupferzeit in Amerika. Emil Schmidt. — 6. Worsaae. John Evans. — 7. Squier. — 8. Die Chemiker. Wibel. — 9. Der Budapester Congress. — 10. Widerlegungen. — 11. Ingwald Unsedt	3—11
XII.	Die Herstellung der Kupfergeräte	11
XIII.	Funde aus der Kupferzeit	17
XIV.	Der römische Fund	21
XV.	Der Szegediner Kupferfund	22
XVI.	Der «Lange Wand»-Fund	25
XVII.	Der gemischte Fund von Domahida	27
XVIII.	Der gemischte Fund von Lucska	35
XIX.	Die Einteilung der Kupfergegenstände	36
XX.	Die flachen Kupfermeissel und Keile	36
XXI.	Flachmeissel	40
XXII.	Uebergang der Flachmeissel zum Paalstab	46
XXIII.	Flache, viereckige, dünne Meissel	49
XXIV.	Länglich viereckige, dünne Flachmeissel	51
XXV.	Das Bohrloch	52
XXVI.	Kupferbeile und Hämmer	57
XXVII.	Kupferbeile	60
XXVIII.	Der Streithammer aus Kupfer	62
XXIX.	Streithämmer, 1. Serie	64
XXX.	Streithämmer, 2. Serie	66
XXXI.	Keilhauen	66
XXXII.	Kupferäxte	68
XXXIII.	Waffen, 1. Serie	73

INHALT.

	Seite
XXXIV. Waffen, 2. Serie	79
XXXV. Verschiedene Werkzeuge	81
XXXVI. Verschiedene Gegenstände	83
XXXVII. Verschiedene Werkzeuge	85
XXXVIII. Spätere Formen der Kupferbeile und Streithämmer	88
XXXIX. Goldzierscheiben	90
XL. Zusammenfassung unserer Beobachtungen	92
Nachschrift	99